Manuela Humme
Der Feuerdrache vom Glitzerberg

Manuela Humme

Der Feuerdrache vom Glitzerberg

Rediroma-Verlag

Bibliografische Information der Deutschen Nationalbibliothek:
Die Deutsche Nationalbibliothek verzeichnet diese Publikation in der Deutschen Nationalbibliografie; detaillierte bibliografische Daten sind im Internet über http://portal.dnb.de abrufbar.

ISBN 978-3-98527-292-1

www.rediroma-verlag.de
10,95 Euro (D)

Inhalt

1. Vinni und der Feuerdrache

Es fing alles in einem kleinen Dorf in Thüringen vor vielen Jahren an. Da lebten Großeltern, die hatten einen Enkelsohn. Der liebte Drachen von ganzem Herzen und glaubte an sie. In diesem kleinen Dorf gab es einen Bergund alle Kinder kannten ihn. Es war der Glitzerberg. Die Kinder nannten ihnso, weil es auf diesem Berg Steine gab, die in der Sonne strahlten wie ein Regenbogen, und so zog er die Kinder magisch an. Man hatte schon früher viele Geschichten über den Berg erzählt … dass vor vielen tausend Jahren ein Drache auf diesem Berg gelebt haben soll. Die Menschen im Dorf hatten Angst vor ihm. Wenn er sein Maul zu weit aufriss, spie er Feuer aus. So verwüstete er die Häuser und die Ernte der Menschen im Dorf.

So fingen sie an, ihn zu jagen. Diese Geschichte hatte auch die Ma dem kleinen Vinni, so hieß ihr Enkelsohn, erzählt. Er war zu Besuch gekommen und wollte auf denSpielplatz, so sagte er zur Ma.

„Pass auf, wenn du über die Straße gehst“, sagte sie und er machte sich auf den Weg. Aber es passierte etwas ganz Komisches. Es zog ihnzum Glitzerberg. Er stand da und schaute ins Dorf hinein. Es lag so ruhig und schön vor ihm. Der Wald so mächtig. Er sah alles an diesem Tag anders aus. Als Vinni so schaute und träumte, wurde er ganz plötzlich aus seinem Traum gerissen. Er hörte ein mächtiges Stampfen und erschrak. Als er sich umschaute, sah er einen Drachen vor sich stehen. Aber komisch, Vinni hatte keine Angst. Er sah den Drachen an und fragte: „Ist das wahr, was ich sehe, oder träume ich?"

Der Drache war erschrocken, sah ihn an und sprach: „Hastdu keine Angst vor mir?"

„Nein", sagte Vinni, „warum sollte ich? Ich liebe Drachen und ich hoffe, dass du mich nicht gleich auffrisst, und überhaupt, was machst du hier und wo kommst du her?"

„Ich bin schon immer hier„, sagte der Drache.

„Schon immer? Was heißt das? Keiner hat dich bisher gesehen?"

„Ich habe immer aufgepasst, dass mich niemand sieht. Aber jetzt istes doch passiert."

So erzählte der Drache Vinni, wie es sich zugetragen hatte, dass er auf dem Glitzerberg lebte. „Die Menschen im Dorf haben meine Mutter gejagt und sehr schwer verletzt. Sie schaffte es mit letzter Kraft in die Höhle. Ich war damals noch sehr klein. Sie sagte zu mir: *Wenn ich jetzt von dieser Welt gehe, hab keine Angst, ich werde auch dann bei dir sein. Du wirst es spüren. Ich habe große Angst um dich, mein Kind. Du bist der letzte*

Feuerdrache auf der Welt, den es noch gibt. Hüte dich vor den Menschen. Sie verstehen uns nicht. Alles, was du lernen und wissen musst, wirst du erfahren, wenn du fest daran glaubst. Und so ließ sie mich allein zurück. Ja, Vinni, es war eine schwere Zeit für mich, bis ich erwachsen war. Aber ich wusste immer sie war da. Eines Nachts hatte ich einen Traum. Ich sah alle meine Vorfahren. Sie sagten mir, irgendwann wirst du einen guten Menschenfreundfinden und viele Abenteuer mit ihm erleben. Ich habe es mir so gewünscht, und jetzt bist du da."

Vinni holte ganz tief Luft und schaute den Feuerdrachenan. „Meinst du etwa mich damit?"

„Aber ja, wen denn sonst!? Ich hoffe, du willst mein Freund sein."

Vinni war ganz erschrocken. „Ja, ja, sicher will ichdas." Er schlang seine Arme um den mächtigen Hals des Drachen. Der Feuerdrache und auch Vinni hatten feuchte Augen.

„Vinni", sagte der Feuerdrache. „Erzähle niemandem von unserer Freundschaft. Dann wird etwas ganz Großes daraus."

Vinni überlegte eine Weile und sagte: „Aber weißt du, meiner Ma muss ich es erzählen. Ich erzähle ihr alles. Sie hat mir von euch erzählt und ich habe ihr geglaubt."

Der Feuerdrache lachte und sah ihn an. „Ich wusste, dass du das sagen würdest.„

„Aber wieso?", fragte Vinni

„Ich kenne sie schon lange."

„Du kennst meine Ma?"

„Aber ja. Sie war schon oft hier auf dem Berg. Sie glaubt an Engel und spricht mit ihnen."

„Ja!", schrie Vinni. „Das ist meine Ma."

„Du hast sie sehr lieb. Hab ich recht?"

„Ja!", sagte Vinni.

Der Feuerdrache fragte ihn: „Glaubst du auch an Engel?"

„Ja, sie sind immer da. Sie helfen den Menschen, die an sie glauben."

Der Feuerdrache nahm Vinni in seine Arme und sagte: „Ab heuteverbindet uns eine große Freundschaft."

„Ich muss jetzt nach Hause. Es ist schon spät."

„Ja", sagte der Feuerdrache, „also, bis morgen."

„Ja, bis morgen, mein Freund."

„Wo warst du so lange?", begrüßte ihn die Ma, als er zu Hause ankam. Er sahsie an, aber sagte nichts.

„Was ist los mit dir?", fragte die Ma. „Was hast du?"

Und so erzählte er alles, was er erlebt hatte. Die Großmutter hörte ihm gespannt zu. Als er ihr alles erzählt hatte, nahm sie ihn in die Arme und sprach: „ Man muss fest daran glauben, dann wird es wahr."

„Ja", sagte er lächelnd. „Ma, darf ich morgen wieder auf den Glitzerberg?"

„Aber natürlich, da wartet ein Freund auf dich."

Die Nacht war zu Ende. Ein neuer Tag begann. Vinni schlug seine Augen aufund hörte die Vöglein singen.

„Einen wunderschönen guten Morgen wünscheich dir, mein Liebes Kind."

„Ich dir auch, Ma", sagte Vinni.

„Dein Frühstückist fertig."

„Danke, Ma."

Er hatte ja gar keine Zeit. Aufgeregt war er, weil erauf den Berg wollte, so schnell es nur ging.

„Ich muss los", sagte er.

„Ja, ich weiß. Also, bis später."

Und so machte er sich auf den Weg.

Als er näher zum Berg kam, sah er den Feuerdrachen schon dort stehen.

„Da bist du ja, ich habe schon auf dich gewartet. Kakao habe ich gemacht. Ich hoffe, dumagst ihn."

„Aber ja", rief Vinni. „Ich habe der Ma von uns erzählt. Sie sagte: *Man muss nur fest eine Sache glauben. Dann wird es wahr.*"

„Es ist schön dein Freund zu sein", sagte der Drache.

„Ja, das finde ich auch." Und sie mussten beide heftig lachen. Sie sprachen über viele Sachen, als auf einmal das Telefon klingelte.

„Was ist los?", rief Vinni. „Und wieso ruft dich jemand an?"

„Das wirst du gleich erfahren."

Vinni hörte, wie der Feuerdrache sich mit jemandem unterhielt.

„Nein wie ist das denn passiert? Ich weiß nicht, mhh, wir müssen was tun. Ja ich komme, so schnell ich kann."

„Wer war das?", fragte Vinni. „Du sagtest mir gestern, du hast keine Freunde."

„Das istrichtig", sprach der Feuerdrache.

„Nicht auf der Erde."

„Nicht auf der Erde? Wo dann?"

„Ja, mein Freund. Ab jetzt gehen unsere Abenteuer los."

„Was fürAbenteuer?", fragte Vinni.

„Wir müssen in den Himmel, zum Engelsgroßvater."

„Zu wem?"

„Zum Engelsgroßvater".

„Aber was heißt das?", fragte er.

„Meine Freunde, die ich habe, sind die Engel, Feen und derEngelsgroßvater mit seiner Schar."

Vinni sah ihn mit großen Augen an und fragte: „Da musst du hin?"

„Nein, mein Freund. WIR müssen dahin."

„Aber wie soll das denn gehen und was ist im Himmel passiert?"

„Die Brücke zumHimmel ist kaputt." „

Zum Himmel?", fragte Vinni.

„Ja" sagte der Drache. „Du weißt doch, wenn auf der Erde jemand stirbt, kommt er in den Himmel.

Um den zuerreichen, muss er im Himmel eine Brücke überqueren, die über einen großen Wasserfall führt. Nur so kann er die Engel und den Engelsgroßvater erreichen.”

„Aber was sollen wir tun?“

„Wir müssen überlegen wie wir die Brücke wieder reparieren können.”

Der kleine Mann war sehr verwirrt. Er konnte sich nicht vorstellen, was passieren und wie er in den Himmel bis zur Brücke gelangen sollte.

Der Feuerdrache fragte ihn noch einmal: „Kommst du mit?”

„Aber ja”, sagt er. „Ich weiß nur noch nicht, wie.“

„In meiner Höhle liegt ein langes Seil, leg es dir um den Bauch. Die Schlinge muss an meinem großen Eckzahn befestigt werden.”

„OK”, sagte Vinni. „Ich mache alles, was du sagst.”

Er ging in dieHöhle, holte das Seil, legte es um den Bauch und schaute den Feuerdrachen mit großen Augen an.

„Setz dich auf meinen Schwanz, binde das Seil um meinen Bauch. Die Schlinge an meinen großen Zahn.”

Vinni machte alles, wie es ihm der Feuerdrache sagte. „Hast du Angst?” rief der Drache.

„Ein wenig schon.”

„Vertraust du mir?"

„Aber ja, du bist mein Freund. Und wenn es einen Engelsgroßvater gibt, der unsere Hilfe braucht, dann müssen wir helfen."

„Ja du hast recht", sagte der Drache und dann ging es auch schon los.

2. Die Himmelsbrücke

Sie flogen in den Himmel. Vinni saß auf dem langen Schwanz des Feuerdrachen und flog dem Himmel entgegen. Er sprach kein Wort, so fasziniert war er. Es dauerte eine ganze Zeit, bis sie ihr Ziel erreicht hatten. Der kleine Mann machte die Augen auf und war so überwältigt, dass er rief: „Ohja, Oh nein, wie wunderschön."

Dann kam der große Wasserfall und man sah die kaputte Brücke. Der Drache sprach: „Halte dich gut fest, ich muss noch höher fliegen. Hab keine Angst, es wird alles gut." Und so geschah es auch. Der Drache landete genau auf der großen Wiese vor dem Haus des Engelsgroßvaters.

„Meine Güte, da bist du ja. Ich warte schon so lange auf dich."

„Ja, ja", rief der Feuerdrache, „das sagt du immer."

„Aber wer ist das, den du da bei dir hast? Ich kenne ihn nicht."

„Das ist mein bester Freund aufder Erde. Ich habe dir von ihm erzählt."

„Ja", sagte der Engelsgroßvater, „dann bist du Vinni."

„Ja" sagte der Junge, „ich heiße Vinni und der Drache hat michmitgenommen."

„Es ist eine große Ehre, wenn ein Mensch, der noch auf derErde lebt, in den Himmel darf."

„Das will ich ja wohl glauben", sagte der kleine Mann. „Bist du nicht böse?," fragte er den Engelsgroßvater.

„Aber nein mein Kind. Wenn du der beste Freund vom Feuerdrachen bist, ist alles OK. Habt ihr die Brücke gesehen?"

„Ja", sagte Vinni. „Es sieht schlimm aus. Was können wir nur tun? Ich dachte, Engel, Feen und ein Engelsgroßvater können alles selbst regeln."

„Nein kleiner Mann", sagte der Engelsgroßvater, „manchmal brauche ich auch Hilfe. Nun lasst uns überlegen, wie wir die Brücke reparieren können." Der Engelsgroßvater überlegte, aber er wusste keinen Rat.

Vinni setzte sich auf die Wiese vor dem wunderschönen großen weißen Haus und überlegte. „Weißt du", sprach er, „auf der Erde lebte ein Mann, der hat wunderschöne Häuser gebaut, wo die Menschen sich wohl fühlten. Er muss bei dir im Himmel sein, Engelsgroßvater."

„Bei mir?"

„Ja", sagte Vinni.

„Den brauchen wir, er kann uns helfen."

Der Engelsgroßvater rief alle Engel und erzählte ihnen, wen sie suchen sollten. Auch Vinni und der Feuerdrache halfen.

Als sie schon unterwegs waren, fiel Vinni der Name von dem Mann, der die Häuser gebaut hatte, wieder ein. „Er heißt Rolf“, sagte er.

„Also los, wir müssen ihn finden“, sprach der Feuerdrache.

Es war schon viel Zeit ins Land gegangen, als ein Engel kam und erzählte, dass unten am Fluss ein Mann lebte, der auch hier im Himmel schöne Häuser gebaut hatte.

„Ja, ja!“, rief Vinni vor Begeisterung. „Das ist er.“

Also machten sie sich alle auf den Weg.

Der Mann saß vor seinem Haus und schaute gerade auf einen Bauplan.

„Ich wusste, dass ich dich finde“, rief Vinni.

Der Mann schaute hoch und lachte laut. „Wer bist du denn und warum bist du so aufgeregt?“

„Ich bin Vinni und komme mit dem Feuerdrachen von der Erde.“

„Von der Erde?“, fragte der Mann. „Wie soll das denn gehen?“

„Das erzählt dir der Engelsgroßvater, wenn wir wieder Zeit haben. Wir brauchen deine Hilfe. Die Brücke zum Himmel über den Wasserfall ist kaputt. Du musst sie wieder reparieren.“

Der Mann fing wieder laut an zu lachen und sprach: „Ich habe davon gehört. Aber warum ich?“

„Weil du schon viele Häuser gebaut hast und mehr, auf der Erde und im Himmel. Nur du kannst die Brücke retten“

„Ich habe im Himmel nicht das Material, das ich brauche.”

„Was brauchst du denn?”, fragten alle.

„Ich brauchte etwas von der Erde.” Er schaute Vinni an und fragte ihn: „Gibt es da, wo du wohnst, einen Berg.”

„Ja”,sagte Vinni, „unseren Glitzerberg.”

Der Mann riss die Augen auf. „Diese Steine brauche ich, um die Brücke wieder aufzubauen.”

Der Feuerdrache sah ihn an. „Bist du verrückt? Wie hast du dir das gedacht. Beantworte mir die Frage, die ich dir stelle: Wie sollen wir diese Steine in den Himmel bringen? Sie sind viel zu schwer.”

„Das weiß ich selber, aber du bist ein Drache und hast scharfe Zähne. Bring mir den Staub von den zermahlenen Steinen in den Himmel und ich werde die Brücke wieder in Ordnung bringen.”

„Dann müssen wir auf die Erde zurück, und das ganz schnell. Wir haben keine Zeit zu verlieren”, sagte Vinni.

„Ja,lass uns losfliegen. Hoffentlich geht das alles gut.”

„Aber ja doch”, sagte Vinni. „Man muss daran glauben.”

So flog Vinni mit dem Feuerdrachen zurück auf den Glitzerberg. Sie überlegten, wie man die Steine zu Staub zermahlen könnten.

„Ich muss es in der Nacht tun."
„Was musst du in der Nacht tun?"
„Die Steine zermahlen, damit im Dorf keiner sieht, dass auf dem Berg ein Feuer brennt. Sonst

würden sich die Menschen fragen, was hier oben los ist.”

„Ja du hast recht.”

Und dann machte sich der Feuerdrache an die Arbeit. Er trug die Steine zusammen, aber nicht alleine. Die Tiere im Wald rief er in dieser Nacht. Er erzählte ihnen, was geschehen war, und bat um Hilfe.

„Aber natürlich helfen wir. Wozu sind Freunde da?” Sie schleppten Steine zu einem großen Haufen. Dann holte der Feuerdrache ganz tief Luft. Alle waren sehr erschrocken. Eine große Flamme kam aus seinem Maul. Er zielte genauauf die Steine. Immer und immer wieder, bis nur noch Staub übrig war. Die Tiere staunten nicht schlecht, wie viel Kraft das Feuer aus seinem Maul hatte.

„Wenn du es falsch einsetzt, kann es großen Schaden anrichten”, sagten die Tiere. „Wie damals bei deiner Mutter.”

„Ja”, sagte der Drache, „ihr habt Recht.”

„Kein Wunder, dass die Menschen im Dorf Angst hatten“, sagten die Tiere. „Jetzt haben wir es für eine gute Sache gebraucht.”

Die Tiere füllten den Staub in kleine Säckchen. In dieser Nacht leuchteten die Sterne heller als je zuvor. Der Mond am Himmel strahlte hell und so wussten alle, die in dieser Nacht auf den Beinen waren, dass der Engelsgroßvater ihnen zusah. Als der Tag erwachte, war die Arbeit getan. Der Feuerdrache bedankte sich und sprach: „Nur wenn man Freunde hat, die einem helfen, kann man alles erreichen."

Auch Vinni konnte in dieser Nacht nicht gut schlafen. Er machte sich viele Gedanken, ob alles gut gehen würde. Dann aber geschah etwas ganz Komisches. Er hörte die Engel und eine Stimme, die zu ihm sprach: „Man erreicht alles, kleiner Mann, wenn man daran glaubt."

Er riss seine Augen ganz weit auf und rief in dieser Nacht: „Ich kenne diese Stimme. Du bist meine Urgroßmutter Oma Marie." Er hörte ein Lachen. „Ja“, sagte sie, „ich bin es und ich bin stolz auf dich, wie die Ma."

Er war in dieser Nacht sehr glücklich und schlief endlich ruhig ein.

Am Morgen hatte er kaum Zeit für einFrühstück. „Ma, ich muss los."

„Ja, ich weiß", sagte die Ma. „Mach dir keine Sorgen, es wird alles gut."

Er lief so schnell er konnte auf den Berg und staunte nicht schlecht über das, was er da sah. Viele kleine Säcke standen schon bereit.

„Es kann losgehen", sagte der Drache.

„Aber ja", sagte Vinni. „Mir fehlen die Worte. Wie hast du alles allein geschafft?"

Der Drache lachte und sprach: „Ich war nicht allein, die Tiere aus dem Wald haben mir geholfen."

„Gut, wenn man Freunde hat."

Auch der Himmel war offen in dieser Nacht „Hol das Seil. Wir müssen los."

„Ja", sagte Vinni. Er band das Seil wie immer um seinen Bauch mit den kleinen Säckchen voll Staub. „Aber wird es nicht zu schwer werden? Können wir fliegen?"

„Wir werden es gleich sehen. Ja du hast recht." Der Feuerdrache schaute zum Himmel und rief: „Wir brauchen eure Hilfe."

„Was machst du da und wen rufst du an?"

„Ich brauche die Feen. Sie müssen ein wenig zaubern."

„Zaubern? Was meinst du damit?"

„Der Staub von den Steinen soll leicht wie eine Feder sein. So kommen wir mit allen Säckchen bis zur Engelsbrücke."

„Ja!", schrie Vinni. „Du hast Recht!"

Und nun ging es los. Es kam keinem von beiden so endlos lang vor wie sonst. Auch waren die Säckchen so leicht wieFedern.

Endlich angekommen, wartete der Engelsgroßvater mit seiner Schar schon auf die zwei. „Wir haben den Staub vom Glitzerberg mitgebracht, wie es der Baumeister Rolf wollte."

Er staunte nicht schlecht. „Das hätte ich nicht gedacht, dass ihr das schafft!"

„Ja“, sagte Vinni, „man muss daran glauben”, und alle fingen an zu schmunzeln.

Der Baumeister machte sich sofort an die Arbeit und brauchte mit der Hilfe von den Engeln, Feen und allen anderen, die der Engelsgroßvater geschickt hatte, drei Tage und Nächte. Dann hatte er seine Arbeit beendet. Die Brücke zum Himmel war wieder heile. Vinni sprach: „Wunderschön ist sie geworden.”

„Danke”, sagte der Engelgroßvater und alle anderen im Himmel.

Der Baumeister sprach: „Ihr braucht mir nicht zu danken. Das haben wir gemeinsam geschafft. Also lasstuns auch gemeinsam stolz sein.”

„Ja, das sind wir”, sprach der Engelsgroßvater. „Ich hoffe, gemeinsam werden wir noch viele Abenteuer meistern.”

„Es ist Zeit”, sagte der Drache. „Wir müssen zurück, sonst machenMa und Pa sich Sorgen.”

„Ja, du hast recht.”

Sie verabschiedeten sich und flogen zurück zur Erde. „Bis bald, Engelsgroßvater.”

3. Der Stein vor der Sonne

Sie waren wieder auf der Erde zurück Vinni erzählte Ma und Pa, dass alles gut gegangen war. Er freute sich auf einen schönen Tag, den er zum Erholenbrauchte. Es war ein sehr heißer Sommertag und die Kinder freuten sich, dass es ins Schwimmbad ging. Sie hatten alle sehr viel Spaß. Als er zurück war, fragte er die Ma: „Ich möchte noch einmal auf den Glitzerberg zum Feuerdrachen."

„Aber ja, mein Schatz", sagte die Ma, „dann geh."

Er kam auf dem Berg an. Der Drache wartete schon. „Ich freue mich, dass du doch noch kommst."

„Ich kann dich doch nicht den ganzen Tag allcine lassen."

„Aber, Vinni", sprach der Drache, „ich bin doch nicht allein. Ich war bei den Tierenim Wald."

„Schön, dass du auch einen guten Tag hattest. Aber morgenverbringen wir ihn gemeinsam. Ich freue mich drauf."

„Ja, dann bis morgen und grüß Ma und Pa von mir."

„Werde ich tun." Vinni ging friedlich ins Bett.

Am anderen Morgen wachte er, wie immer fröhlich, auf. Aber es war sehrseltsam an diesem Morgen. Es war Tag, aber für diese Uhrzeit noch sehrdunkel. Es war Sommer, aber sehr kalt.

„Ma was ist nur los, merkst du es auch? Da stimmt etwas nicht."

„Ja", sagte die Ma.

„Etwas Schlimmes ist im Himmel passiert. Ich muss zum Feuerdrachen, vielleicht weiß er mehr."

„Duhast recht. Mach dich auf den Weg."

Weil Vinni es eilig hatte, nahm er das Fahrrad. Auf dem Weg zum Berg spürte er, wie kalt und dunkel es war.

„OhMann, oh Mann", begrüßte er den Drachen.

„Hast du es auch gemerkt, dassirgendetwas nicht stimmt?", sagte dieser.

„Aber ja", sagte Vinni. „Was ist nur los?"

„Ich weiß es noch nicht, aber ich glaube, die im Himmel haben ein Problem."

„Ruf denEngelgroßvater an."

„Ja, du hast recht, das machen wir" Der Drache nahm denHörer, wählte die Nummer und wartete. Aber es kam keine Antwort. „Da istwirklich was passiert. Wir müssen in den Himmel. Ich glaube, sie brauchenuns."

Also machten sie sich auf den Weg. Vinni holte wie immer sein Seil,band es um den Bauch und so machten sie sich auf in den Himmel. Alles waranders auf diesem Flug. Es war dunkler und kälter als sonst.

„Spürst du esauch?", fragte der Drache.

„Was meinst du?"

„Dass es anders ist als sonst."

Es kam ihnen wie eine Ewigkeit vor, bis sie die Engelbrücke erreicht hatten. Alles war ruhig und keiner zu sehen. Sie flogen zum Haus des Engelsgroßvaters und erschraken heftig. Er saß nicht in seinem Sessel vor dem Haus.

„Hier ist gewaltig was faul", sprach der Drache.

„Ja, das glaube ich auch. Keine Engel, keine Fee und kein Engelsgroßvater zu sehen, wo sind die nur? Wir müssen sie suchen."

„Ja, aber wo?", fragte Vinni.

„Noch weiß ich es nicht aber ich hoffe wie du, dass bald etwas passiert."

So flogen sie weiter und begegneten dem Nebel.

„Ach, du dickes Ei. Was ist nur los hier?"

„Gut, dass du da bist. Und wer ist er?"
„Das ist mein bester Freund auf derErde."
„Der Vinni?"
„Ja. der Vinni, wer denn sonst."
„Ich grüße dich."
„Ichdich auch, Nebel. Aber für ein Schwätzchen haben wir jetzt keine Zeit. Was ist geschehen?"
„Vor der lieben Sonne liegt ein großer Felsen, der ihrdas Aufsteigen unmöglich macht."
„Aber warum hat uns der Engelsgroßvater nicht angerufen?"
„Wir hatten keinen Empfang. Die Strahlen der Sonne sind hinter dem Felsen zu schwach."
„Mann, Mann, wir müssen was tun?", fragte Vinni.
„Ich bringe euch an den Ort, wo alle schon versammelt sind", sprach der Nebel.
„Tja, dann machen wir uns auf den Weg."
Als sie näherkamen, hörten sie eine derbe Aufregung. Alle Engel, Feen und der Engelsgroßvater waren versammelt. Der Mond, die Sterne, selbst der Regen waren da, um zu helfen. Aber sie hatten nicht die Kraft, um den Felsen zu bewegen.
Sie merkten nicht einmal, dass Vinni und der Drache gekommen waren. Erst als der Drache sprach: „Was ist genau passiert?"
Alle drehten sich um und schauten ein wenig dumm aus der Wäsche. Der Engelsgroßvater holte

tief Luft und sagte: „Ich habe euch mehrmals angerufen, aber ich bekam keine Antwort."

„Uns ging es genauso."

„Gott sei dank seid ihr da. Wie habt ihr gemerkt, dass etwas nicht stimmt?"

Der Drache verzog sein Gesicht. „Nicht stimmt? Auf der Erde ist es knitterkalt und stockdunkel wie in der Nacht. Ichsah die Hand vor Augen nicht. Wir müssen ganz schnell etwas tun."

Es wurde überlegt, aber keiner wusste so richtig Rat. Die liebe Sonne fing an zu weinenund Vinni wurde es sehr schwer ums Herz. Nach einer Weile schrie er in dieStille: „Ich hab's!"

„Was hast du?", fragten die anderen.

„Feuerdrache, du bistgefragt."

„Was soll ich tun?"

„Dein Maul weit aufreißen und Feuer spucken, wie du nur kannst. Auf der Erde geht das nicht, aber hier musst du den Fels spalten."

„Großer Regen, du musst wachsam sein, dass nichts anbrennt. Du bist im Himmel die Feuerwehr. Auf der Erde sind das Menschen. Wir müssen alle zusammen anpacken. Ihr wisst: Nur gemeinsam sind wir stark."

„Ja, so machen wir es."

Sie stellten sich an die Seiten vom Felsen und warteten, bis der Drache mit dem Fauchen begann. Eine große Flamme kamaus seinem Maul.

Er zielte auf die Mitte des Felsens. Alle waren in Alarmbereitschaft, damit sich keiner verbrennt. Der Drache sprühte, was das Zeug hält, immer in die Mitte des Felsen, und nach vielen Anstrengungen brach er entzwei. Schnell waren alle Helfer da, die Steine beiseite zu räumen.

„Sonne, hörst du mich?", rief der Engelgroßvater. Keine Antwort.

„Vielleicht ist sie in Ohnmacht gefallen?", schrie Vinni vor Aufregung. Alle mussten lachen.

Und siehe da, die Sonne stand auf. Es wurde hell und warm. „Ja", freuten sich alle. „Wir haben es gemeinsam geschafft, man muss nur fest an die Sache glauben, dann schafft man alles. Ach so, und nicht die Freunde vergessen."

Wie immer kam der Spruch von Vinni, aber Recht hatte er schon, nur mit Freunden bist du stark.

Die Sonne strahlte vor Freude so hell und schön wie nie: „Ich danke euch für eure Hilfe."

„Wir sind froh, dass alles wieder im Lot ist, denn wir auf der Erde brauchen dich, sonst wären wir verloren. Es wäre für immer dunkel und nichts könnte auf der Erde leben. Da ist es schon schön, dass es dich gibt."

Alle lachten und die Sonne sprach: „Gut, dass es dich gibt, kleiner Mann."

Vinni holte bei den Worten der Sonne tief Luft.

„Das hat meine Urgroßmutter immer zu mir gesagt. Wo weißt du es denn her?”

Der Engelsgroßvater nahm ihn an die Hand.

„Im Himmel weiß man alles”, sagte die Sonne. „Genug geredet, lasst uns feiern.”

„Feiern?”, rief Vinni. „Wiesoll das denn gehen?”

„Glaubst du, wir können das nicht? Dann pass gut auf.”

Der Wind fing an, mit den Engeln zu singen und Vinni setzte sich vor lauter Staunen auf seinen Popo. „Meine Güte ist das toll, volle Bude.”

Alle fingen an zu lachen und sahen die leuchtenden Augen eines kleinen Jungen.

Als sie zurück auf der Erde waren, sagte Ma: „Ihr beide und alle im Himmel haben gute Arbeit geleistet”, und küsste Vinni mit viel Liebe.

Der Drache sah sie an und nickte ihr beruhigt zu.

Sie nahm seine Kralle: „Es ist gut so, wie es ist.”

„Ja”, sagten die beiden, „und morgen machen wir Picknickauf dem Berg.”

„Das habt ihr euch verdient. Super Idee, und die Engel werden im Himmel für uns tanzen und Vinni auf der Erde.“

„Wieso tanzen?”, fragte der Feuerdrache.

„Weißt du nicht, dass Vinni schon zwei Jahre in die Musik- und Tanzschule geht?”

„Nein”, sagte er. „Ich finde es ganz toll, du musst es mir morgen zeigen, wie es geht. Ja, wir haben noch viel, worüber wir reden können, aber für heute ist erst einmal Schluss. Wir brauchen Schlaf und ein wenig Ruhe."

„Du hast Recht, das Abenteuer war aufregend genug", sagte Vinni, ging erschöpft zu Bett und schlief gleich ein.

„Hab gute Träume, mein kleiner Schatz, ich hab dich sehr lieb", konnte Vinni noch ganz leise von der Ma hören.

Sie selber bedankte sich im Himmel bei den Engeln und dem Engelsgroßvater, dass er sie beide gesund zur Erde zurückgeschickt hatte.

Am anderen Morgen waren alle gut drauf. Alles wurde vorbereitet für das versprochene Picknick. Brot, Wurst, Pudding, Kuchen und Süßigkeiten waren in dem Korb für den Drachen. Wasser und

Limonade durften nicht fehlen. So machten sich Vinni und Ma auf den Weg zum Glitzerberg. Die Sonne schien,als wollte sie sich nochmals bedanken. Es war wunderschön auf dem Berg, dann fiel dem Drachen ein, dass die Ma etwas vom Tanzen erzählt hatte. „MeinFreund“, sprach er, „zeigst du mir, wie man tanzt?”

„Warum nicht?”

Der Drache war ganz baff, wie schön Vinni tanzte. „Das gefällt mir, ich probieree es auch.” Er fing an zu tanzen und fiel auf die Nase. „Mann, das muss doch gehen”, aber da lag er schon wieder. „Ich gebe auf”, schnaufte der Feuerdrache „Tanzen ist nichts für mich. Dreimal rotes Drachenblut, Tanzenist für mich nicht gut.”

Sie mussten alle schallend lachen, sogar die Engel waren zu hören. Dann tat sich der Himmel auf und der Engelsgroßvater rief: „Lass es sein, du siehst aus wie ein steifer Stock. Drachen sind für was anderes bestimmt.”

So ging ein schöner Tag zu Ende.

4. Der vergiftete Bach

Viele Wochen waren vergangen und es herrschte Frieden in dem kleinen Dorfund auch im Himmel. Aber die Ruhe täuschte. Eines Tages kam Vinni auf den Berg, um den Feuerdrachen zu besuchen. Er war sehr erschrocken, als er ankam. „Was ist denn mit dir los, wie siehst du aus, ganz blass. Bist du etwakrank?"

„Ich glaube, ja."

„Warum hast du mich nicht angerufen?"

„Ich habe es vergessen"

„Wie, vergessen? Ich denke, wir sind Freunde!"

„Ja schon gut, das war nichts, ein Eigentor, wie du sagst"

„Was hast du?"

„Bauchschmerzen"

„Aber wovon?"

„Ich weiß es nicht."

„Denk nach."

„Tu ich ja."

„Was hast du gegessen und getrunken?"

Der Drache überlegte: „Alles wie immer."

„Das kann nicht sein, sonst ginge es dir nicht so schlecht."

„Ja, ich weiß, mir fällt es nur nicht ein."

„Ich glaube, du wirst alt, mein Freund", sagte Vinni zu ihm.

„Ich bin alt", rief der Drache und sie mussten lachen.

„Im Ernst, denk nach."

Der Drache grübelte und grübelte. Auf einmal sprang er hoch. „Ich weiß es: Ich war am Bach gestern Abend und weil ich so durstig war, habe ich aus dem Bach getrunken. Seltsam, von da an hatte ich Bauschmerzen."

„Lass uns zum Bach fliegen und nachsehen, ob alles in Ordnung ist."

„Ja."

Also machten sie sich auf den Weg. Der Bach war nicht weit vom Glitzerberg. Als sie ankamen, war alles wie immer. Sie setzten sich ans Ufer und sahen in den Wald. Nach einer Weile fiel ihnen auf, dass kein Tier in der Zeit zum Bach gekommen war, um zu trinken, auch kein Vogel.

„Eigenartig, nicht ein Tier oder Vogel kommt zum Trinken, keiner hat Durst, das glaube ich nicht", sagte Vinni. Sie schauten sich an und fragten, könnte das Bachwasser vergiftet sein? „Wer macht denn so etwas?", rief Vinni. „Das müssen wir herauskriegen."

„Ja, aber wie? Ich werde Wache halten diese Nacht."

„Das ist eine gute Idee, nur nachts sind böse Menschen unterwegs."

„So, du musst nach Hause, dass Ma nicht

schimpft, also bis morgen, schlaf gut."

„Du bist heute wieder sehr lustig. Wie kann ich heute gut schlafen, wenn du heute Nacht allein Wache hältst."

Der Drache lachte ganz laut, auch wenn ihm der Bauch weh tat: „Ich bin schon groß."

„Ja, das bist du in der Tat. Also, bis morgen."

Vinni konntein dieser Nacht nicht gut schlafen. Er war sehr unruhig und musste immer anden Feuerdrachen denken und fragte sich, ob er was herausfinden würde.

Der Morgen war endlich da. Er hatte vor lauter Aufregung keine Zeit für einlanges Frühstück.

„Ich muss jetzt los, Ma, der Drache wartet schon

auf mich.“

Die Ma ließ ihn gehen. Endlich kam er auf dem Berg an.

„Wie siehst du aus?”, rief Vinni.

„Ich habe die ganze Nacht nicht geschlafen.”

„Oh, es tut mir leid, dass ich dir nicht helfen konnte.”

„Schon gut”, sagte der Drache.

„Hast du was herausgefunden?”

„Aber ja, mein Freund”, sagte er mit seinen Riesenaugen.

„Los, los, erzähl schon. Wer war es, der den Bach vergiftet hat?So eine Sauerei.”

„Mit der Sauerei hast du Recht.”

„Wie jetzt?”

„Es hat allesmit den Schweineställen zu tun. In der Mastanstalt ist ein großer Gülletank kaputt. Ein großes Loch ist in einem der Tanks und so läuft die Jauche in denBach.”

„Machst du Witze?”

„Mir ist nicht nach Späßchen zu Mute. Die Sache ist ernst.”

„Was können wir dagegen tun?”

„Wir müssen mit dem Chef der Schweinemast reden, dass er das defekte Fass austauscht.”

„Ja, du hast Recht, und das muss schnell geschehen, sonst wird der Bach immer mehr vergiftet.”

Sie machten sich auf den Weg. An der Mastanstalt angekommen,sprach der Drache: „Vinni, jetzt musst du die Sache selbst in die Hand nehmen. Bitte mache es gut. Überzeuge die Leute und zeige ihnen den kaputten Tank, damit sie dir glauben. ab keine Angst, ich bin immer bei dir.”

„Ja, ich gebe mein Bestes.”

Vinni lief in das Büro der Firma mit ein bisschen Angst im Nacken und feuchten Händen.

„Guten Tag.”

„Guten Tag junger Mann”, sagte der Chef. „Was kann ich für dich tun?”

„Ich habe etwas beobachtet. Aus einem Gülletank läuft Flüssigkeit aus direkt in den Bach und vergiftet das Wasser. Die Tiere aus dem Wald können nicht mehr aus dem Bach trinken.”

„Mach keine Witze!”, rief der Mann.

„Mir ist nicht danach.”

„Mein Gott, das wäre eine große Katastrophe!”, schrie er.

„Sag ich doch.”

Gemeinsam suchten sie den kaputten Tank.

„Ach du meine Güte”, rief der Chef. „Du hast Recht. Ich sehe das große Loch in der Tankwand.”

„Und was jetzt?”

„Ich muss sofort telefonieren.”

Der Boss sprach mit jemandem und war sehr aufgeregt: „Eine Katastrophe … das kannst du laut sagen. Es muss schnell gehen … Ich beeile mich … Ich bitte darum." Er sah Vinni an. „Sie bringen schnellstens einen neuen Tank."

Vinni holte tief Luft. „Gut so."

Dann kamen auch Leute, die das Bachwasser untersuchten und dann war volle Bude und was los. Zuerst kam der neue Tank. Den alten pumpten sie leer und nahmen ihn mit. Der neue Tank wurde sofort angeschlossen. Ein Mitarbeiter, der das Bachwasser untersuchte, stellte fest, das es wirklich vergiftet war. Es wurde eine Flüssigkeit in den Bach gegossen, die das Wasser reinigen sollte, aber es dauerte drei Tage, bis das Wasser wieder sauber war.

Vinni hörte gut zuund fragte: „Kann ich jetzt gehen? Ich habe alles gesagt, was ich weiß."

„Gut so, dass du es uns sofort gesagt hast, so konnten wir schnell handeln. Super gemacht."

Nun machte sich Vinni auf den Weg zum Feuerdrachen, der aus der Ferne alles beobachtet hatte.

„Hast du alles gesehen und verstanden?"

„Ich binnicht blind und auch nicht taub. Das hast du gut gemacht, Vinni."

„Quatsch.Du meinst wir. Aber weißt du, die eine Sache gefällt mir nicht. Das Zeug, was sie in das Bachwassser geschüttet haben, ob es was taugt?"

„Wird schon, die sind vom Fach."

„Wir rufen lieber den Engelsgroßvater an. Vielleicht weiß er Rat?"

„Ja, du hast Recht."

Eilig machten sie sich auf den Glitzerberg und der Drache rief den Himmel an.

„Was ist los, dass du mich anrufst?", fragte der Engelsgroßvater. So erzählten sie, was vorgefallen war.

„Ich spreche mit dem Regen, er wird euch helfen."

„Ja!", rief Vinci. „Eine Bombenidee!"

„Was ist auf der Erde passiert, dass du meine Hilfe brauchst?" So klang es aus dem Himmel.

Der kleine Mann erzählte dem Regen die ganze Geschichte. „Schlimme Sache, aber das kriegen wir wieder hin. Ich lasse es sieben Tageund sieben Nächte regnen, dann ist der Bach wieder sauber."
„Danke, danke!",rief der Junge vor Aufregung.

„Danke, wofür? Nur gemeinsam sind wir stark, so heißt doch dein Spruch."

„Ja, du hast Recht!"

Jeden Tag flogen sie zum Bach und jeden Tag wurde das Wasser wieder klarer. Durch den vielen Regen braucht kein Tier im Wald und kein Vogel Durst leiden. So hatten sie wieder gemeinsam ein Abenteuer gut zu Ende gebracht.

Ein paar Wochen später bekam Vinni eine Medaille als Auszeichnung vom Bürgermeister für seine gute Tat, weil er auf die Natur und Umwelt achtete. Er war mächtig stolz und die anderen auch. Weil der Drache keine Medaille bekam, buk der Pa, Vinnis Großvater, ihm die größte Medaille aus leckerem Kuchenteig.

„Ich bin mächtig stolz auf euch Jungs”, sagte der Pa.

„Das ist immersein Spruch, wenn ein Abenteuer gut zu Ende geht”, meinte Vinni dazu.

„Euch kann ruhig vor Stolz die Brust anschwellen, gut gemacht. Auf in das nächste Abenteuer.”

5. Der Engelsflügel

Es war schon viel Zeit ins Land gegangen, der Sommer war fast vorüber. Vinni und der Feuerdrache gingen jetzt sehr oft in den Wald, sie sammelten Kräuter für Salben und Tee, wenn die Tiere es im Winter brauchen. Der Drache kannte viele Rezepte für heilende Sachen. So lernte Vinni sehr viel über Natur, Kräuter und Tiere, die in unseren Wäldern zu Hause sind. Mit viel Begeisterung war er bei der Sache. Als sie eines Nachmittages aus dem Wald kamen, schellte das Telefon.

„Wer braucht Hilfe?", fragte der Drache.

„Hilfe ist gut", rief eine Stimme, ein Engel war am Rohr.

„Was ist los dort oben?"

„Ihr müsst kommen, der Engelsgroßvater ist heiser und hat Husten. Er braucht deine Medizin, Salbei, Kamille, Fenchel usw. und den Hustensaft nicht vergessen und die Salbe zum Einreiben."

„Du hast Glück. Vinni und ich kommen gerade aus dem Wald. Ich mache mich gleich ans Werk und braue etwas zusammen."

„Gut, ich richte es dem Engelsgroßvater aus."

„Ich brauch mich nicht zu wundern, dass es donnert auf der Erde. Wenn er so erkältet ist, schallt es wie verrückt hier unten. Vinni, wir müssen morgen in den Himmel, der Engelsgroßvater ist krank und braucht Medizin."

„Wie geht das denn?", fragte Vinni. „Ich wusste nicht, dass ein Engelsgroßvater krank werden kann."

„Frag ihn morgen selber."

„Hast du noch viel zu tun, kann ich helfen?"
„Nein, mein Freund, das muss ich selbst erledigen."

„Okay."

„Außerdem wird es langsam dunkel, du musst los."

„Ich wünsche dir eine gute Nacht."

„Ich dir auch, mein Freund, und grüße Ma und Pa recht lieb vonmir."

„Werde ich machen. Küsschen, Schüsschen."

Es war noch sehr früh, als Vinni aufwachte, und draußen donnerte es fürchterlich.

„Was ist das denn?" rief Vinni der Ma zu.

„Vielleicht ein Gewitter, oder die Engel rücken die Möbel um."

„ Du immer mit deinen Sprüchen, Ma."

Auch Pa musste heftig lachen.

Vinni frühstückte mit beiden. "Ich muss los, der große Meister wartet schon". Do nannte er den Feuerdrachen manchmal.

„Ja, Liebes, bis später." Ma gab ihm einen dicken Kuss, wie immer.

„Hab dich ganz toll lieb, Pa, dich auch."

Beide riefen zurück: „Wir dich mehr."

„Es riecht gut" sagte Vinni, als er auf dem Berg ankam. „Das will ich meinen, schließlich habe ich die halbe Nacht Salben gemischt und Wässerchen gebraut."

„Boh, nee, so viel braucht der Engelsvater?"

„Aber nein, das reicht, bis der Winter vorbei ist."

„Dann können sich ja alle im Himmel erkälten."

„Machst du Witze? Das ist auch für die Tiere im Wald, wenn es ihnen schlecht geht, aber das wirst du noch selbst erfahren. Jetzt müssen wir aber los, sonst quatschen wir uns wieder fest."

Vinni holte sein Seil, band es wie immer um den Bauch. Nachdem er sich auf den Schwanz gesetzt hatte, legte er die Schlinge in den Drachenzahn.

„Halt dichfest", sagte der Drache, „es geht los."

„Ja, mach ich." Sie flogen los gen Himmel.

„Endlich an der Brücke, jetzt sind wir gleich da."

Man hörte den Engelsgroßvater schon von weitem husten. „Meine Fresse, dich hat es aber ganz schön erwischt. Wie ist das denn passiert?", fragte der Drache.

„Ich habe zu lange in meinem Sessel gesessen und auf die Erde geschaut, ob alles okay ist, wie Vinni immer sagt."

„Ja, wir haben es auf der Erde gehört. Schlimm, es hat ganz schön gedonnert. Aber erst einmal, sei mir herzlich gegrüßt."

„Hast dumir Salbe und Tee mitgebracht?"

„Aber ja, die Engel können dich gleich einreiben, dann geht es dir bald besser."

Die Engel kamen, kochten Tee undmachten sich frisch ans Werk.

Vinni setzte sich ins Gras und schaute sich die Engelswelt an. Es war einfach wunderschön, nicht mit der Erde zu vergleichen. Viele Blumen, Bäume, die er noch nie gesehen und gerochen hatte. Es war sofriedlich und ruhig, ja es war schön im Himmel. Alle waren so lieb und nett. Alle halfen, wo Hilfe benötigt wurde. Wenn es doch auf der Erde so wäre, keiner dem anderen sein Feind. Als er so träumte, wurde er plötzlich durch ein leises Wimmern geweckt. Er sah ein kleines Engelchen, welches nur einen Flügel hatte und sehr, sehr traurig war. Er stand auf und ging auf den Engel zu, sah ihn an und fragte:_ „Was ist geschehen?"

„Ich habe ihn verloren."

„Verloren?", rief Vinci „Wie geht das denn?"

„Ich weiß es nicht. Ich hätte heute Engelsprüfung, aber ich werde nicht hereingelassen, weil mirein Flügel fehlt, und so komme ich nie auf die Erde, um Kindern zu helfen."

„Aber man muss doch was tun können."

„Nein, wir wissen nicht, wie."

Als sie so erzählten, merkten sie nicht, dass der Engelsgroßvater mit dem Feuerdrachen schon lange dazugekommen war. „Ja," sagte er, „wenn wirnur helfen könnten."

„Ich dachte, es gibt keine Probleme im Himmel,

alles könnte man lösen, die Engel oder die Feen."

„Diesmal nicht."

Vinni ließ es nicht los, ihm tat der kleine Engel schrecklich leid. Er überlegte und auf einmal sprang er auf und rief, dass alle erschraken.

„Was schreist du wie von der Tarantel gestochen, was ist eigentlich los hier?", sprach der Drache.

„Ich habe vielleicht eine Lösung!"

„Eine Lösung?", rief der Engelsgroßvater „Erzähle von der Lösung."

„Auf der Erde gibt es einen Puppendoktor, der macht Puppen und Teddys wieder heile, wenn sie kaputt sind. Vielleicht kanner einen Flügel für den kleinen Engel bauen."

„Das wäre ja ganz wundervoll", riefen alle.

„Wie kannst du ihn erreichen?", fragte der Engelsgroßvater.

„Wir müssen zurück auf die Erde und ich muss mit ihm reden."

So machten sie sich auf die Heimreise. Auf der Erde angekommen, rief Vinni den Puppendoktor an und erzählte ihm von dem kleinen Engel. Dieserglaubte ihm nicht so wirklich.

„Ich komme zu dir", sagte Vinni und machte sich sofort auf den Weg.

„Hast du Zeit für mich und glaubst du an Engel?"

„Aber ja", sagteder Doc.

Vinni setzte sich hin, malte einen Engelflügel und zeigte ihn dem Puppendoktor. „So muss er aussehen, wenn wir dem Englein helfen wollen."

„Ich habe noch nie einen Engelflügel gemacht und weiß nicht, ob ich das kann."

„Man kann alles, wenn man nur will, sagt die Ma immer."

„Damit hatsie recht. Machen wir uns ans Werk."

„Prima, dass du mir hilfst."

Eine Nachtwaren die beiden am werkeln. Müde und kaputt fing der Morgen an. Sie hatten beide die Zeit vergessen.

„So", sagte der Puppendoktor, „ich glaube, er ist fertig."

„Ich glaube es auch. Wenn er auch nicht weiß ist, aber ich finde ihn wunderschön. Wir können stolz sein auf unsere Arbeit, und das mit Recht. Ich danke dir für deine Hilfe."

„Wieso? Wir waren beide daran beteiligt ... Bis dann, melde dich bei mir, ob alles geklappt hat. Ich drücke ganz fest die Daumen."

So machte sichVinni auf den Weg zum Feuerdrachen. „Ich habe ihn", schrie Vinni schon von weitem.

„Wen hast du, und warum so laut? Ich höre eigentlich noch sehr gut."

„Schau ihn dir doch erstmal an, dann wärst du auch nicht mehr leise."

Der Drache sah den Flügel und der Mund blieb ihm offen stehen. „Meine Fresse, der ist wirklich wunderschön, auch wenn er silbern ist, einfach nur toll!"

„Freu dich nicht zu früh, erst müssen wir beim Engelsgroßvater sein, denn er muss ihn wieder an das Engelchen bringen. Der Doc hat mir zwar Klebermitgegeben, aber ich weiß nicht, ob der den Flügel im Himmel halten kann."

„Wir werden es ja bald sehen."

„Ja, du hast recht, lass uns losfliegen."

„Pass gut auf den Flügel auf, lass ihn bloß nicht fallen."

„Bist du jeck?"

„Hüte ihn wie einen großen Schatz. Wenn er fallen würde, wäre die ganze Arbeit umsonst."

Vinni steckte den Flügel in einen großen Rucksack und nahm ihn auf den Rücken. Man sah ihn kaum noch. „Mein lieber Scholli, ist der Flügel schwer. Flieg bloß langsam."

„Aber ja, hätte ich sowieso gemacht."

Vinni war noch nie so froh wie heute, im Himmel zu sein. Von weitem rief er schon: „Wir sindgleich da."

Alle hörten sein Schreien und versammelten sich auf der großen Wiese.

„Engelsgroßvater, ich habe ihn."

„Das ist nicht zu überhören", rief er zurück.

Die Engel und Feen staunten nicht schlecht, als sie den Flügel sahen.„Wie hast du das denn hingekriegt?”, fragten alle.

„Nur mit dem Puppendoktor, nicht allein.”

„Warum machst du das für mich?”, fragte das

Engelchen.

„Weißt du, Engelchen müssen immer fröhlich sein, sagt meine Ma. Sonst würden die Menschen nicht an sie glauben."

„Da hast du recht", antworteten alle.

„Und außerdem, weil ich dich mag. Du sollst deine Prüfung machen und dann für Kinder auf der Erde da sein, die dich brauchen."

Die ganze Himmelsschar war ein wenig gerührt von seinen Worten, aber sie wussten, dass er recht hatte.

„So, genug geredet. Engelsgroßvater, jetzt bist du dran."

Er stellte sich mit dem kleinen Engel in die Mitte. Alle anderen Engel und Feen hielten sich an den Händen. „Versuchen wir es gemeinsam."

„Halt", rief Vinni, „der Kleber."

„Kleber hastdu auch?"

„Ja, der Doc hat ihn mir mitgegeben, aber ob es klappt, weiß ich nicht."

Es dauerte nicht lange und alles war auf einmal dunkel. „Oh du großeHimmelsmacht, was ist jetzt los? Es war noch nie dunkel hier oben", sagte Vinni. Dann schwieg er vor Angst. Immer näher zum Feuerdrachen zog es ihn, ihm warganz schön mulmig. „Was geschieht hier nur?"

„Ich weiß es nicht, aber der Engelsgroßvater wird schon wissen, was er tut."

In diesem Moment krachte es fürchterlich, die Angst stieg bei beiden. Dann wurde es endlich wieder hell. Noch immer waren alle wie gebannt.

Eine Fee rief laut: „Es ist vollbracht."

„Ja, volle Bude", rief Vinni erleichtert. „Die Arbeit hat sich gelohnt."

Der kleine Engel konnte es nicht glauben. Er rührte sich nicht von der Stelle. Erst als der Engelsgroßvater ihn ansprach, „beweg deine Flügel”, machte er sie weit auf.

„Hurra, hurra, es hat geklappt.” Vinni war so gerührt, dass er seine Tränen nicht aufhalten konnte.

„Auch wenn dein Flügel silbern ist”, sprach der Herrscher des Himmels, „er funktioniert und somit kannst du morgen zur Prüfung, wenn du noch willst?”

„Wenn ich noch will? Das war mein größter Wunsch. Ja, dann kann ich den Kindern auf der Erde in Not doch noch helfen. Das habe ich dir zu verdanken.”

„Aber hör doch auf. Wir haben alle dir geholfen. Nur gemeinsam sind wir stark, wie die Ma immer sagt!”

Alle mussten ein bisschen schmunzeln.

„Aber hat sie nicht recht?”, meinte der Himmelsherrscher. „Du liebst sie so sehr, dass du sogar im Himmelvon ihr sprichst.”

„Aber ja, sie ist die beste Ma von der Welt.”

„Du hast dir einen guten Freund auf der Erde ausgesucht, lieber Drache, er hat ein großesreines Herz.”

„Ja, ich weiß, er kann einen schon mal zum Weinen bringen, aber das ist nicht schlimm, denn seiner ehrlichen Tränen braucht man sich nicht zu schämen, haben ihm Vinnis Großeltern erzählt, also brauch ich das auch nicht, denn ich bin schon groß.”

„Typisch Drache.”

Der ganze Himmel konnte über diese Antwort wieder lachen.

Die zwei warenwieder zu Hause.

„Alles richtig gemacht, Vinni? Magst du unsere Freundschaft noch?“

„Was stellst du für komische Fragen? Nie werde ich sieaufs Spiel setzen, weil du mir sehr wichtig in meinem Leben bist.”

Dann lagen sie sich lange in den Armen.

„Auf ein neues Abenteuer, mein Freund”

„Aber immer, volle Bude.”

6. Mark

Vinni wollte mit den Kindern aus dem Dorf Kastanien sammeln. „Ich mach mich jetzt los, Ma."

„Dann weiß ich Bescheid."

Aber als er an der Tür war, kam er zurück.

„Hast du etwas vergessen?", rief Ma.

„Mir ist etwas eingefallen und ich muss dich was fragen: Ist Mark woanders hingezogen ? Ich habe ich schon so lange nicht gesehen." Mark war ein guter Freund von Vinni.

„Nein", sagte die Großmutter, „er ist sehr schwer krank und deshalb schon lange Zeit im Krankenhaus."

„Du sagtest sehr schwer krank, heißt das Krebs? Ich weiß es noch, als ich noch klein war, hast du schon einmal über diese Krankheit mit mir gesprochen. Ist es schlimm?"

„Ja, es sieht nicht gut aus, er wird sterben."

„Aber warum?"

„Sein Blut ist vergiftet, die Ärzte können nichts mehr für ihn tun."

„Wie heißt der Krebs?", fragte Vinni.

„Leukämie."

Vinni war sehr traurig und blass.. „Ich gehe jetzt."

„Ja mein Kind", sprach sie.

Vinni wollte keine Kastanien mehr sammeln, er

dachte nur noch an Mark und so merkte er nicht in seiner Trauer, dass er auf dem Berg angekommen war.

Der Feuerdrache begrüße ihn, aber er hörte ihm nicht zu.„Was ist los mit dir?"

Vinni setzte sich ins Gras und fing bitterlich an zu weinen.

„Ich frage dich noch einmal, was ist nur mit dir los?"

Und so fing er an zu erzählen, „Ich habe einen Freund im Dorf, mit dem war ich viel unterwegs. Es hat immer viel Spaß gemacht. Vorhin erzählte mir die Ma, dass er sehr schwer krank ist und sterben muss." Wieder fing er bitterlich an zu weinen.

Der Drache nahm ihn in seine Arme und tröstete ihn. „Weine ruhig, es wird dir helfen. Weißt du, mein Freund, das Sterben gehört zum Leben. Esist nur schwer zu verstehen und tut schrecklich weh, wenn man auf der Erdejemanden verliert."

„Ja", sagte Vinni, „und verstehen kann ich es auch nicht."

„Wenn auf der Erde jemand stirbt, kommt er in den Himmel, das weißt du doch."

„Ja", sagte Vinni.

„Und dein Freund Mark wird auch zum Engelsgroßvater kommen. Du wirst ihn irgendwann wiedersehen, ich verspreche es dir von ganzem Herzen."

Dann stürzte sich Vinni in die Arme seines Freundes und weinte bitterlich.

„Warst du bei dem Drachen auf dem Berg?"

„Ja, wir haben uns über die Krankheit unterhalten."

„Gut so," sagte die Ma.

Die Zeit war gekommen und Mark musste gehen. Das ganze kleine Dorf war in tiefer Trauer. Man verabschiedete sich von einem kleinen, lieben blondenJungen. Auch Vinni und Ma waren auf dem Friedhof. In seinem Bett, spät amAbend, fielen ihm die Worte vom Drachen wieder ein. „Du wirst Mark wiedersehen." Dann schlief er ein.

Es war schon ein halbes Jahr vergangen, die der kleine Mark nicht mehr bei uns war. Der Alltag hatte alle wieder fest in der Hand. Täglich war Vinni wieder auf dem Berg bei seinem Freud, dem Feuerdrachen. Eines Nachmittages klingelte das Telefon und Vinni konnte mithören.

„Es ist vorbei mit der Gemütlichkeit", hörte er den Engelsgroßvater sagen, „habt ihr das Engelsfest vergessen?"

„Ach du meine Fresse, ich glaube, ich werde alt, dashätte ich beinahe wirklich vergessen."

„Was ist los?", rief Vinni.

„Ich hätte ohne diesen Anruf das Engelsfest vergessen."

„Du hast mir noch nie davon erzählt."

„Auf diesem Fest werden Engel gefeiert, die auf der Erde etwas Besonderes geleistet haben."

„Aber die Engel leisten doch jeden Tag etwas Besonderes, so sehe ich das jedenfalls, oder was meinst du?"

„Der Engelsgroßvater sieht das etwas anders als wir."

„Naja, auch gut."

„Wir müssen schon morgen früh los, um bei den Vorbereitungen zu helfen."

„Ja, ich freue mich schon darauf, wir waren lange nicht mehr beim Engelsgroßvater."

Am anderen Morgen ging es los.

„Was ist in den Tüten?", fragte Vinni den Drachen. „Kräuter für das leckere Essen und den Wein."

„Ja, stimmt, die Engel trinken gern Wein."

„Alles gepackt, Vinni? Dann kann es losgehen. Hast du dein Seil?"

„Alles roger."

„Was heißt das denn schon wieder? Laufend schwatzt du in Rätseln, dass ich dich nicht verstehen kann."

„Das ist englisch und italienisch bringe ich dir auch noch bei."

Der Drache murmelte in sein Maul: „Irgendwann treibt er mich zum Wahnsinn ...”

Dann mussten sie heftig lachen und starteten zum Himmel.

„Die Brücke ist in Sicht. Es sieht ja aus wie immer.” Aber dann: „Dreimal großer Drachenzahn!”

Auf der Wiese war alles geschmückt. Es verbreitete sich ein toller Duft von leckeren Speisen und anderen Sachen. Der Engelsgroßvater freute sich riesig, als er die beiden sah. Es dauerte nicht lange und alle Himmelsbewohner waren versammelt.

„Putzt euch alle recht schön heraus, schließlich ist es unser großes Fest.”

Alle waren da, die Sonne, der Mond, die Sterne und was es sonst im Himmelsreich noch gibt. Der Engelsgroßvater stimmte mit allen zusammen ein wunderschönes Lied an. Wie ein Chor hörte es sich an, einfach nur schön! Vinni sang mit seiner besten Stimme mit und drehte sich wie beim Balletttanz.

„Du hast mir nicht erzählt, dass du so gut singen und tanzen kannst.”

„Ich gehe auf eine Musik- und Tanzschule, da lernt man das.”

Der Engelsgroßvater schlug mit seinen Flügeln. Noch nie zuvor hatte das Vinni gesehen. „Er ist sehr gut drauf, dasser mit seinen Flügeln schlägt.”

Der Drache sagte: „Na, was meinst du denn, schließlich ist es ein Fest.”

Sie waren alle sehr fröhlich, speisten und tranken, was das Zeug hergab. Nach einer Weile erhob sich der Engelsgroßvater von seinem Thron, er hatte eine Schriftrolle in der Hand und las nun die Engel vor, die auf der Erde besondere Dienste geleistet hatten. Alle freuten sich mit den ausgezeichneten Engeln und man sah, dass der Engelsgroßvater sehr stolz auf sein Reich war. Nun ging das Fest erst richtig los mit Musik und Spiel, alle waren gut drauf. Vom vielen Tanzen und Singen braucht Vinni eine Pause. Er war ein bisschen müde, ließ sich ins Gras fallen, atmete den Duft der schönen Blumen ein und schloss für einen Moment seine Augen. Plötzlich merkte er, wie ein kleiner Engel auf ihn zukam. Er sprang auf, öffnete die Augen und fing bitterlich an zu weinen.

„Was ist los?”, schrie der Drache und unterbrach das Fest. „Hast du Schmerzen? Fehlt dir etwas?”

Auch der Engelsgroßvater kam mit großen Schritten herbei. „Mein liebes Kind, warum bist du jetzt so plötzlich traurig und weinst?”

„Ich weine nicht aus Trauer, sondern aus großer Freude. Ich sehe in zwei leuchtende Augen, die ich schon so lange kenne. Seht ihr es nicht, vor mir steht Mark.”

Der kleine Engel kam auf ihn zu und nickte. „Ja,

ich bin es und sehr stolz, dass du mich gleich erkannt hast."

„Wie sollte ich jemals dein Gesicht vergessen, wir waren doch gute Freunde."

„Aber, Vinni, das sind wir doch immer noch." Sie fielen sich beide in die Arme und hielten sich eine ganze Zeit lang fest. Der Engelsgroßvater und der Feuerdrache waren so gerührt, dass sie sich an den Händen hielten und innerlich sehr stolz waren, dass Freundschaft nie zu Ende geht.

Nach einer Weile drehte sich Vinni zu dem Drachen um, immer noch mit Freudentränen in den Augen, und sprach: „Du hast es mir versprochen, dass ich Mark wiedersehe und dass es heute bei diesem großen Fest geschieht, ist für mich der größte Tag."

Der kleine Engel Mark und Vinni setzten sich auf die Wiese, sie hatten sich so viel zu erzählen. „Nun weiß ich, dass es dir gut geht und ich dich immer wiedersehen kann."

„Ja", rief der Engelsgroßvater. „Gut, wenn man Freunde hat." Er schaute den Drachen mit leuchtenden Augen an. „Stolz bin ich auf euch." So ging ein wunderbares Fest zu Ende.

„Ja, es ist gut so, wie es ist", sagte Vinni. „Ich werde deinen Eltern berichten, dass es dir bei dem Engelsgroßvater gut geht."

„Danke, Vinni, gib ihnen ein Küsschen und sag

ihnen, ich habe sie sehr lieb."

„Es war ein schöner Tag", sagte Vinni, als er sich mit dem Drachen zum Schlafen hinlegte.

„Guten Morgen, hast du gut geschlafen" weckte ihn sanft der Drache.

„Wasdenkst du denn? Es war noch nie so schön im Himmel wie gestern. Ich bin stolz, dein Freund zu sein."

Sie flogen an diesem Tag zurück zur Erde und

Vinni erzählte ausführlich Ma und Pa unter Tränen von der Begegnung mit Mark. „Es war einfach nur ein tolles Engelsfest und ich weiß ab heute, dass ich Mark auf meinen Reisen zum Engelsgroßvater immer wieder begegne.“

7. Spaß auf dem Eis

So langsam zog der Winter ins Land. Kälte und Frost hatten den Bach am Glitzerberg zufrieren lassen. Als Vinni sein Frühstück an diesem Tag beendethatte, machte er sich auf den Weg zum Drachen. „Mann, ist das schweinekalt",rief er von weitem.

„Das kannst du laut sagen. Ich habe mir schon einen Schal umgelegt und die Wintermütze suche ich auch."

„Der Bach ist zugefroren."

„Ja, habe ich schon gesehen. Wir müssen in den Wald, um nach dem Rechten zu schauen, ob die Tiere gut versorgt sind", entgegnete der Drache „Lass uns auf den Weg begeben."

„Halt!", rief Vinni. „Die Kastanien und das Stroh sollten wir schon mitnehmen."

„Wo hab ich nur mein Hirn?", sprachder Drache.

„Vielleicht ist es bei der Kälte eingefroren, ohne Mütze geht dassehr schnell."

„Du bist ganz schön frech heute morgen."

„War nur Spaß."

„Ich hoffe doch."

Sie machten sich auf den Weg. Nach einer Weile sagte Vinni: „Komisch, im Wald ist es gar nicht so kalt."

„Die Bäume und der Waldboden halten alles

wärmer, weil so alles geschützter ist."

Sie legten Stroh und Futter für die Tiere aus. Eine Zeit später kamen die Tiere zum Fressen. „Hörst du meinen Magen knurren?“, fragte der Drache. „Ich glaube, wir sollen dasselbe tun."

Aber was war das, da jammerte jemand ganz fürchterlich.

„Hörst du das?", fragte der Drache.

„Aber ja, es ist nicht zu überhören."

Sie gingen der Ursache auf den Grund. „Bei meinen großen Drachenzähnen, das gibt es doch gar nicht. Wer macht denn so etwas? Eine Falle und darin ein Bein von einem Reh.“

„Das geht gar nicht!", schrie Vinni. „Wir sind gleich da, um dir zu helfen."

Gemeinsam öffneten sie die Falle. „Der Fuß sieht schlimm aus, es blutet sehr stark“, waren Vinnis Worte.

„Ich muss sofort auf den Berg zurück, brauche Kräuter, Blätter und die Salbe, alles was wir im Sommer gesammelt haben, kommt jetzt zum Einsatz. Ich beeile mich, so schnell ich kann." Nach einer Weile war der Drache auch schon wieder zurück.

„Mein Freund, hast du alles, was wir brauchen?"

„Du musst mir helfen."

„Aber ja."

Gemeinsam verbanden sie dem Reh das verletzte

Bein.

„Siehst du, was ich im Sommer gemeint habe, als wir Kräuter sammelten, nun kommen sie zum Einsatz. Vinni, du musst es dem Förster berichten. Er wohnt doch unten im Dorf."

„Ja ich kenne ihn gut."

Gemeinsam brachten sie das verletzte Reh in die Drachenhöhle.

„Ein, zwei Tage, dann müsste es wieder gut sein", sagte der Drache.

Vinni ging auf dem Heimweg zum Förster herein und berichtete ihm alles. „Es ist verboten, Fallen aufzustellen",sprach der Förster. „Ich kümmere mich sofort darum, versprochen."

Der Feuerdrache hatte recht. Nach drei Tagen war der Fuß des Rehes, durch die gute Pflege des Drachen mit seinen Kräutern wiederhergestellt.

Eine Woche später hatte der Förster den Fallensteller auf frischer Tat ertappt und der Polizei übergeben. Der Fallensteller bekam eine hohe Geldstrafe.

„Ich bin froh, dass nun niemand mehr Fallen im Wald aufstellt", freute sich der Drache.

„Dann können wir morgen Schlittschuh laufen. Der Bach ist zugefroren, wie du weißt."

Der Drache schaute ihn ganz entsetzt an. „Kannst du mir mal sagen,was das ist."

„Was was ist?"

„Na dieses Schlittschuhlaufen oder wie du es nennst."

„Ach du dicker Drachenschwanz, bist du noch nie Schlittschuh gelaufen?"

„Aber wie und mit wem?"

„Ach, ich vergaß, du bist ein Drache. Dafür hast du mich jetzt, um so was zu lernen."

„Was braucht man dafür?"

„Natürlich Schlittschuhe."

„Wie sehen die Dinger aus und wo kommen sie hin?"

„Na, an deine Füße."

„Bist du ganz von Sinnen. Soll ich mir mein Maul und die Zähne ausschlagen."

„Hab keine Angst, ich bringe morgen alles mit."

„ Supi, supi, ichfreue mich riesig."

Na, ob das morgen auch noch der Fall sein wird?, waren die Gedanken von Vinni. Der Feuerdrache konnte schlecht schlafen, er dachte nur an das Schlittschuhlaufen und wie das geht. Viele Bilder malte er sich aus und bekam ein wenig Bammel.

„Wo bist du, ich habe alles mitgebracht? Ich habe auch Heftpflaster mitgebracht, falls du dir die Knie aufschlagst."

Jetzt bekam der Drache aber richtige Angst.

Am Bach angekommen ging es schon los. „Wo müssen diese seltsamen Dinger jetzt nun hin?"

„An deine Füße."

„Wie soll das denn gehen?"

„Ganz einfach so, hier."

Der Drache staunte nicht schlecht, als Vinni über das Eis flitzte.

„Meine Fresse, das sieht ganz toll aus, macht sicher großen Spaß?"

„Aber ja, volle Bude. Versuch es."

Aber zu spät, da lag der Drache schon auf dem

Eis. „Warte, ich helfe dir."

Immer, wenn der Drache halb stand, fielen sie wieder um.

„Ich bin schon grün und blau am ganzen Körper!", schrie der Drache. „Ich bleibe einfach nicht auf diesen Dingern stehen und mir kommt es vor, als lachten alle Engel über mich."

„Du hast recht", rief eine Stimme aus dem Himmel. Der Engelsgroßvater schaute hervor. „Es sieht sehr lustig aus, wenn du dich immer wieder auf dein Maul legst."

„Schönen Dank, dass ich für Heiterkeit im Himmel sorge."

„Sei doch nicht gleich so beleidigt. Willst du es wirklich lernen?"

Der Drache: „Aber ja, ich möchte auch etwas können, was ich mit Vinni auf der Erde gemeinsam erleben kann, nicht nur immer auf Abenteuern."

„Ist das kein Abenteuer?", lachte der Engelsgroßvater laut, „aber Spaß bei Seite, Vinni, Kann dein Pa, wie du deinen Großvater nennst, Schlittschuh laufen?"

„Laufen ist gut", sprach der Drache, „bis jetzt habe ich nur auf meinem Maul gelegen."

„Hör auf zu jammern, der Pa von Vinni wird es dir schon beibringen ..."

„Seid ihr verrückt geworden. Wenn er weiß, dass

es mich gibt, werden die Menschen mich auch töten, wie damals meine Mutter."

„Mann, jetzt dreht er völlig am Rad, Pa weiß schon so lange, dass es dich gibt und hat dich noch nicht ins Jenseits beförder", sagte Vinni.

„Der Engelsgroßvater musste herzhaft lachen über diese Aussage. Der Drache saß auf dem Eis, überlegte. „Meinst du, er wird uns helfen?"

„Aber ja, ich werde ihn morgen fragen."

„Morgen, bist du krank, das dauert mir zu lange, das halte ich nicht aus. Bitte frage ihn jetzt, ob er Zeit hat."

Vinni machte sich auf den Weg zum Pa. „Pa, wo bist du, wir brauchen deine Hilfe."

Pa war erschrocken und dachte, es sei etwas passiert.

„Der Drache …"

„Ja, was ist mit ihm?"

„Er will heute noch Schlittschuh laufen lernen, aber nur mit dir."

„Mit mir?", sagte Pa entsetzt. „Weiß er, dass ich ihm nichts Böses will? Ist der Drache nicht sauer, dass ich alles von ihm weiß?"

„Nein, der Engelsgroßvater hat es ihm erklärt."

„Mann, wie lehrt man einen Drachen Schlittschuh laufen? Das finde ich in keinem Buch."

„Bring es dem Drachen so bei, wie du es mir beigebracht hast, wird schon klappen."

So machten sie sich die beiden auf den Weg zum Bach, wo der Drache schon nervös wartete. Erschrocken waren sie beide, als sie sich zum ersten Mal gegenüber standen. „Mann, du bist größer als ich mir vorgestellt habe."

„Du siehst auch anders aus, als ich dachte. Dass du mir helfen willst, finde ich Klasse, aber ob es was wird, weiß ich nicht."

„Lasses uns einfach probieren", sagte Pa zu ihm und nahm seine Klauen. „Mann, bist du schwer, lass bloß nicht los. Ich kann dich nicht so oft aufheben", sagte Pa.

„Ich werde mich schwer hüten und außerdem bin ich schon grün und blau."

Es brach ein heftiges Gelächter aus.

„Nur gut, dass es fast dunkel ist und uns drei keiner sieht", sagte Vinni.

So übte Pa mit dem Feuerdrachen, bis er selbst anfing zu frieren. „Für heute ist Schluss, mir ist kalt und Hunger habe ich auch. Ich hoffe, du hast es bis morgen nicht verlernt, was wir heute geübt haben."

„Ich werde mich schwer hüten, weil ich unwahrscheinlichen Respekt vor dir habe. Ich verstehe nicht, dass ihr friert, mir dagegen ist kochend heiß und das Essen habe ich vor lauter Aufregung auch vergessen."

„Du bist wieder einmal sehr lustig, aber wir müssen jetzt nach Hause, sonst gibt es Ärger mit Ma, das wollen wir nicht", gab Vinni zu bedenken.

Der Drache sagte: „Mein lieber Freund Pa, üben wir morgen wieder?"

„Wenn du es willst, ganz bestimmt."

Pa und Vinni machten sich auf den Heimweg

und der Drache in seine Höhle.

Am anderen Tag ging das Spiel von vorne los. Grau in grau war der Tag und mittags schon sehr dunkel. So konnte keiner sehen, was sie auf dem Eis veranstalteten. Der Feuerdrache machte große Fortschritte, nur manchmal, wenn Pa ihn losließ, fiel der Drache auf die Nase. Bis zum Abend tanzten beide nicht schlecht über das Eis. „Jetzt macht mir die Sache großen Spaß, ich glaube, ich habe es kapiert." Er hob Pa ein wenig an und jauchzte, wie gut er Schlittschuh fährt.
Pa sprach: „Du fliegst ja mit mir über das Eis, du kannst fliegen und ich Schlittschuh laufen."

Eine Stimme erklang aus dem Himmel: „Fliegen kann er wirklich gut und Schlittschuh laufen besser als gestern, seit du ihm geholfen hast", mischte sich der Engelsgroßvater ein.

„Hast du uns die ganze Zeit beobachtet?", fragte der Drache.

„Glaubst du, wir im Himmel lassen uns diesen Spaß entgehen? Stolz sind wir alle hier oben, was Freundschaft bewirken kann. Nun habt ihr beide, Vinni und du, ein Hobby, was euch beide Freude macht, durch die Hilfe von Vinnis Pa."

Pa antwortete dem Engelsgroßvater: „Ich habe es gerne getan und wenn die beiden mich in Zukunft brauchen, bin ich sofort zur Stelle."

So ging ein schöner Tag zu Ende und die drei fühlten sich noch stundenlang wohl auf dem zugefrorenen Bach.

8. Weltreise mit dem Finger

„Bon giorno", begrüßte Vinni am Mittag den Feuerdrachen.

„Bon was? Wie sprichst du denn heute? Hat man dir was ins Essen gemacht?"

„Aber nein, das ist doch italienisch."

„Was ist italienisch?"

„Eine Sprache aus einem anderen Land. Du weißt doch, es gibt viele Länder auf der Erde und jedes Land hat eine andere Sprache."

„Davon hat der Engelsgroßvater schon mal erzählt. Wie sieht es in den anderen Ländern aus, weißt du das?"

„Nur ein wenig, was Pa mir schon gezeigt hat."

„Ich finde das unglaublich spannend."

„Es gibt eine Kugel, die nennt man Globus. Ich bringe sie morgen mit, wenndu es willst."

„Aber ja, das wäre toll. Vielleicht kann dein Pa mitkommen und uns was erzählen über die Länder und wo meine Vorfahren gelebt haben."

„Das wäre phantastico.", sagte Vinni.

„Geht das schon wieder los mit der komischen Sprache. Ich verstehe kein Wort."

„Na italiano."

Der Feuerdrache sprach: „Du machst mich ganz kirre in meinem Kopf."

„Das wirst du auch noch lernen."

„Will ich gar nicht, da breche ich mir nur die Zunge. Und außerdem würde mich der Engelsgroßvater mit seiner Schar nicht mehr verstehen."

„Das meinst auch nur du. Ich glaube, er kann alle Sprachen dieser Erde verstehen."

„Wenn das wirklich so ist, dann frage ich mich, wie er bei dem vielen Gesabbel seinen Bart noch nicht verloren hat."

„Du bist heute wieder ein Scherzkeks", sprach Vinni. „Also ab morgen mit der Erdkugel und Pa. Wir können eh nichts anderes tun, als es uns in der Höhle gemütlich zu machen bei diesem Wetter. So werden wir morgen auf Weltreise gehen."

„Auf Weltreise, ich dachte, wir würden morgen in der Höhle bleiben."

„Tun wir ja auch. Die Reise machen wir mit dem Finger auf dem Globus."

„Wie soll das denn gehen?"

„Wirst du morgen alles selbst erfahren."

Der Drache grübelte ziemlich lange: „ … mit dem Finger eine Weltreise!"

Am Morgen rief der Feuerdrache schon von weitem, als er Pa und Vinni sah: „Ich bin schon ganz dumm in meinem Kopf."

Pa fragte ihn: „Warum denn?"

„Von wegen eine Weltreise mit dem Finger. Ich bin immer noch hier."

Pa und Vinni schauten ihn verwundert an und das Gelächter nahm fast kein Ende mehr. Der Pa sprach: „So, mein Freund, lass es uns gemütlich machen und ich werde dir einiges erzählen."

Der Großvater von Vinni erzählte ihm an diesem Tag alles, was er wissen wollte, wo seine Vorfahren gelebt hatten und von den vielen Ländern, die es auf der Erde gibt. Der Drache sagte anerkennend: „Es ist toll, was du alles weißt und wie du es uns erklärst."

„Hör auf zu sülzen, ich erkläre es euch doch gerne."

„Sülzen, was ist das denn für eine Sprache?"

Der Pa: „Das sagt man in Thüringen, wenn man viel Lob nicht abkann, das aber verdient ist."

So lernten die zwei vom Pa viele Länder, Staaten, Sprachen, Berge und Flüsse, eben alles, was die Erde ausmacht.

Der Feuerdrache staunte: „Mann, ist das aufregend!"

Pa fiel ihm ins Wort: „Ihr seid auch tolle Schüler und sehr wissbegierig. Nur wer fragt, kann etwas lernen."

Der Großvater war schon selbst in vielen Länder gewesen und hatte Bilder und Bücher von den besuchten Ländern mitgebracht. Von manchen Ländern konnte er die Sprache. Dem Drachen fiel es sehr schwer, manche Wörter nachzusprechen.

Französisch mochte der Drache gar nicht, er biss sich immer wieder auf seine lange Drachenzunge beim Nachsprechen der Worte. „ Die Sprache hört sich so vornehm an, aber nichts für mich. Ich sage lieber weiterhin Brötchen, als das andere Wort auf französisch, denn bis ich das ausgesprochen habe, bin ich verhungert."

Dann erzählte Pa von England, von Königen und Sagengestalten und dass sich die Vorfahren vom Feuerdrachen dort sehr wohl gefühlt hatten.

„Meine Fresse, das gefällt mir. Ich wäre auch gern König.“ So setzte er sich ein Küchensieb auf den Kopf undstolzierte durch seine Höhle.

„Hör auf", rief Vinni, „mir tut der Bauch vom Lachen schon weh und außerdem, Pa, er wird nie ein König er geht nicht stolz genug."

Die drei schlürften ihren Kakao, den der Drache immer sehr lecker kochte. Ma hatte Plätzchen mitgegeben und so merkten sie nicht, dass der Abend schon vor der Tür stand.

„So, ihr Lieben ...“, sprach Pa, „für heute ist die Weltreise mit dem Finger zu Ende, siehst du nun, Feuerdrache, dass man mit einem Finger und dem Globus auf Reisen gehen kann?"

„Pa, es war einfach nur ein wunderschöner Nachmittag mit euch", bedankte sich der Feuerdrache.

„Das werden wir im Winter wiederholen, wenn

ihr nicht auf Abenteuerreise geht", entgegnete der Pa.

Vinni und sein Großvater machten sich auf den Heimweg. Als beide gegangen waren, rief der Drache den Engelsgroßvater an, weil er dringend mit jemandem reden musste. Dieser meldete sich mit den Worten: „Was ist denn bei dir da unten los?"

„Ich hatte einen wunderschönen Nachmittag. Wir waren mit dem Finger auf Weltreise."

„Wer ist wir?"

„Vinni war mit seinem Großvater da, der uns die Welt erklärt hat."

Der Engelsgroßvater freute sich riesig über diese Nachricht und fragte: „Was hast du denn gelernt?"

„Dass es viele Sprachen gibt und die Erde einfach schön ist. Ich muss dir sagen, dass ich etwas kaputt bin, denn Lernen strengt an."

„Na dann, buenas noches."

„Was ist jetzt los?", rief der Drache. „Was hast du mit einer Motte zu tun?"

„Nein, noche, das heißt gute Nacht und schlaf gut."

„Wieso sagst du mir nicht, dass du auch ausländerisch sprechen kannst?"

DerEngelsgroßvater musste heftig lachen: „Mein Freund, das heißt, in einer anderen Sprache. Ein Engelsgroßvater verrät nicht alles, sonst gäbe es keine Überraschungen mehr. Für heute machen wir Schluss, da die Engel auf die Erde müssen und ich habe noch zu tun.”

Der Feuerdrache legte sich nieder und im Traum kam Pa mit seinen Geschichten noch einmal.

9. Das neue Waisenhaus

Weihnachten stand fast vor der Tür. Vinni saß vor dem Fernseher und hörte,wie eine Frau von einem Waisenhaus erzählte, das abgebrannt war. Die Kinder von dieser Einrichtung hatten alles verloren und waren in einer Turnhalle untergebracht. Er war wie geschockt. Sofort machte er sich auf den Weg zum Glitzerberg. Schnaufend kam er an. „Wo bist du?"

„Hier, was ist los?", fragte der Drache.

Vinni erzählte ihm sofort von dem Drama, was passiert war. „Es ist ganz schlimm, die armen Kinder, sie haben alles verloren, kein Haus, kein eigenes Bett und kein Spielzeug, aber was noch schlimmer ist, keine Eltern mehr."

An den Gedanken, dass Vinni keine Eltern mehr hätte, wurde ihm ganz schlecht. Mit weinerlicher Stimme sagte er: „Feuerdrache, wir müssen was tun. Es ist bald Weihnachten, die Kinder, weißt du …" weiter kam er nicht, seine Stimme versagte. Er musste bitterlich weinen: „Es ist einfach zu viel Leid."

Der Drache drückte ihn ganz fest an seine Brust. „Uns wird schon etwas einfallen, wie wir helfen können."

Sie überlegten eine Weile, dann wurden sie aus den Gedanken gerissen. Das Telefon klingelte.

„Bitte keine Abenteuer im Himmel. Wir haben jetzt hier einProblem, was wir lösen müssen.”

„Wie geht es euch?”, rief der Engelsgroßvater.

„Nicht so gut”, antworteten ihm die zwei.

„Was ist geschehen?”

Sie berichteten ihm, was geschehen war.

„Wir müssen helfen, aber wie?”

„Geht auf den Weihnachtsmarkt, sammelt Spenden, sprecht mit den Menschen, es ist bald Weihnachten und da haben viele Menschen ein offenes Herz.”

„Die Idee ist gut, lieber Engelsgroßvater.”

„Ja, manchmal fälltmir auch was Gutes ein. Wozu sind Freunde da?”

Vinni malte mit dem Drachen ein großes Plakat, wo alles drauf stand, um was sie bitten wollten für die Waisenkinder.

„Du hast mehr Farbe an den Klauen als auf dem Plakat, aber es ist gut geworden. Morgen fahren wir auf den Weihnachtsmarkt. Hoffentlich können wir helfen mit der Aktion.”

Der Drache hob Vinni hoch, schaute ihn an und sprach; „Du musst fest daran glauben, dann wird es wahr.”Mit dieser Kraft im Herzen ging Vinni heim. Am anderen Tag ging es los auf den Weihnachtsmarkt. Mit dem Plakat und einem Sprechrohr unter dem Arm kamen sie an. Viele Menschen tummeltensich auf dem Platz. Ein buntes Treiben mit einer Menge Stände, die ihre Waren anboten. Vinni stellte sich mitten auf den großen Platz, mit dem Plakatum den Hals, auf dem stand: *Ich bitte um eine kleine Spende für die Waisenkinder, die alles verloren haben.* Keiner nahm ihn so richtig wahr. Er wurde durch das bunte Treiben übersehen. Lange überlegte er, wie er auf sich aufmerksam machen könnte. Plötzlich hörte er Musik. Jemand sang wunderschön. Als er weiter ging, sah er eine große Bühne mit Musikern. Er fasste sich ein Herz und sprach die Sängerin an. Alles erzählte er ihr und dasser helfen wollte. Die Kinder sollten auch ein schönes Weihnachten haben. Dabei war er sehr traurig, aber das sollte sich gleich ändern. Die Sängerin holte ihn auf die Bühne und rief ganz laut ins Publikum: „Hier steht ein jungerMann, der hat uns allen was zu sagen." So gab sie Vinni das Mikrofon. „Erzähle, was dich so bedrückt", sprach sie.

Als er fertig war, standen viele Menschen vor der Bühne und waren bereit, etwas zu spenden.

„Wenn jeder etwas gibt, können wir alle helfen und erinnern uns Weihnachten daran, dassdie Waisenkinder auch ein wenig Weihnachten feiern können."

Die Menschen gaben alle etwas und manche schämten sich, dass ein kleinerJunge auf so eine tolle Idee kam.

Der Feuerdrache hatte sich die ganze Zeit hinter einem Berg versteckt und schaute dem Treiben von Vinni zu. Stolz war er auf seinen kleinen Freund. Wie gerne hätte er mitgeholfen, aber es durfte ihn keiner sehen.

Es sprach sich schnell herum, was Vinni auf dem Weihnachtsmarkt tat. Nach einer Weile kam die Sängerin: „Da will dich jemand sprechen."

„Mich?", fragte Vinni. Er schaute nach, wer auf ihn wartete. Ein großer Mann mit einem langen Bart stand vor ihm. „Bist du Vinni?"

„Ja", sagte er.

„Ich habe von deiner Aktion gehört und möchte dir gerne helfen. Ich besitze ein großes, leer stehendes Haus, welches ich eigentlich nicht mehr brauche, und ich möchte es den Waisenkindern schenken. Innen muss das Haus aber noch renoviert werden. Wir brauchen Firmen, dieuns helfen, dann könnte es bis Weihnachten fertig sein."

Vinni kriegte den Mund vor lauter Staunen nicht mehr zu.

„Ich rufe ein paar Leute an, die eineFirma besitzen, ob sie uns bei der Sache helfen", sagte der Mann.

Bis der Abend zu Ende war,hatten sie fast alles zusammen, was sie für die Renovierung des Hauses brauchten. Vinni konnte es nicht glauben, was für eine Lawine er losgetretenhatte. Alle wollten helfen.

Er flog mit dem Feuerdrachen auf den Glitzerberg zurück. „Gut gemacht undmorgen schauen wir uns das Haus an."

„Aber mit Sicherheit. Ich hätte nicht gedacht, dass uns so viele Menschen helfen."

„Du musst nur fest dran glauben, dann wird es wahr."

„Ja, du hast recht, wie immer."

Am anderen Tag war Vinni sehr aufgeregt und wollte so schnell es ging zu dem Haus, von dem ihm der Mann erzählt hatte. Also flogen die zwei, so schnell es ging, los. Was dann geschah, konnten sie nicht glauben. Von weitem sahen die beiden schon viele Menschen vor dem Haus stehen. Auch LKWs und andere Fahrzeuge standen beladen mit Material, was man für eine Renovierung benötigt, bereit. Der Feuerdrache schaute wie immer versteckt dem ganzen Treiben zu.

„Guten Morgen, mein kleiner Freund. Da bist du ja", rief der Mann mit dem langen Bart, „Wir warten schon auf dich."

„Was ist denn hier los?", rief Vinni laut.

„Sie sind alle gekommen, um zu helfen."

„Das kann ich nicht glauben, volle Bude, jetzt geht es los."

Die Handwerker lachten laut und sprachen: „Wir

ziehen den Hut vor dir, kleinerMann. So eine tolle Idee und jeder will helfen."

„Aber du hast doch gar keinen Hut."

„Das sagt man nur so, es ist ein altes Sprichwort."

„Ach so, jetzt weiss ich, was du meinst, meine Ma sagt auch manchmal solche alten Sprichwörter."

Es wurde geklopft und gehämmert, was das Zeug hielt. Beim Anstreichen der Zimmer half Vinni kräftig mit. Nach zwei Wochen erstrahlte das Haus in neuem Glanz.

„Meine Fresse, ich setze mich gleich auf meinen langen Schwanz. Ist das wunderschön geworden"

Da Vinni den Hausschlüssel hatte, konnte auch der Feuerdrache nachts mithelfen und sehen, wie alles voran ging. Jedes der Waisenkinder hatte nun sein eigenes Zimmer mit einem wunderschönen Kuschelbett. Einen großen Raum gab es auch, wo sie essen, spielen und gemütlich zusammen sein konnten.

„Das Wunder ist vollbracht", sprach der frühere Hausbesitzer. „Ich übergebe dir den Schlüssel, mehr konnten wir nicht tun."

„Aber das reicht doch, ich hätte nie gedacht, dass wir den Waisenkindern so helfen können, einfach wunderschön", sagte Vinni ganz gerührt und alle nickten zustimmend.

„Den Rest musst du selbst erledigen, lieber Vinni.”

„Ja, ich weiß, aber ich wünsche mir, dass ihr alle dabei seid, wenn die Waisenkinder ins neue Haus einziehen.“

„Das lässt sich machen“, riefen die Helfer.

Der Feuerdrache und Vinni riefen gemeinsam den Engelsgroßvater an: „Wir haben es geschafft!”

„Ich weiß, mein Kind”, sprach er. „Wir im Himmel sind sehr stolz auf euch, aber du siehst noch nicht ganz zufrieden aus, was bedrückt dich?”

„Wir haben noch keine Weihnachtsgeschenke für die Waisenkinder.”

„Mach dir keine Sorgen”, sprach der Engelsgroßvater, „dasübernimmt der Himmel.”

„Was meinst du damit?”

„Die Engel und Feen haben für jedes Kind schon ein Geschenk. Der Weihnachtsmann wird es auch selber mit seinen Rentieren bringen.”

Vinni stand der Mund offen. „Ihr habt daran gedacht? Danke an die ganze Himmelsschar.”

Endlich kam der große Tag. Die Waisenkinder konnten in das neue Haus einziehen. Sie waren so überwältigt, dass fast alle weinten. Sie dankten Vinni von ganzem Herzen, aber Vinni sprach: „Den Leuten, die hier stehen, müsst ihr danken. Sie haben gemeinsam mit uns ein neues Zuhause geschaffen. Nur wenn man Freunde hat, kann man alles im Leben erreichen."

„Ja", riefen die Helfer und klopften sich gegenseitig auf die Schultern. Dann kam der Weihnachtsmann und die Engel und Feen vom Himmel und brachten die Geschenke für die Waisenkinder. Ein Engelchen lachte Vinni besonders an, drückte ihm ganz fest die Hand und sprach: „Gut gemacht, Vinni, auf dichist immer Verlass."

Vinni sah ihn an und musste grinsen: „Danke, Mark." Und man sah von beiden das Leuchten in den Augen..

Der Engelsgroßvater schaute aus dem Himmel auf die Erde: „Was wünscht du dir eigentlich?"

„Dass wir noch lange Freunde bleiben und viele Abenteuer erleben können,"

„Das walte Hugo."

Verdutzt schaute Vinni in den Himmel zum Engelsgroßvater. „Das sagt die Ma immer, wenn alles glatt geht."

„Was meinst du wohl, woher ich das habe?"

So ging für alle ein wunderschönes Weihnachtsfest mit Liebe und Freude im Herzen zu Ende.

10. SOS auf dem Meer

Es war vier Tage vor Silvester. Vinni lag schon in seinem Bett, als es plötzlich laut an seinem Fenster klopfte. Er erschrak und rief: „Was hast du vergessen? Ist es so wichtig, dass du mich aus dem Schlaf holst." Er stand auf und öffnete das Fenster. Aber es war nicht der Feuerdrache, der ihn besuchte. Vor dem Fenster standen viele kleine Feen. Ganz aufgeregt waren sie. „Wir brauchen eure Hilfe."

„Da muss es schon sehr schlimm sein, wenn ihr so spät noch kommt."

„Ist es auch. Wir kommen vom großen Meer. Da ist ein Schiff mit vielen Seemännern in großer Not. Das Meer tobt wie verrückt,es spuckt Schaum und sprudelt wie ein Springbrunnen, als ob ein Unterwasserbeben tief im Meer stattfindet. Das Schiff dreht sich im Kreis und kommt aus dem Strudel nicht mehr heraus, als würde es festgehalten. Wir wollten helfen, haben die Männer gerufen aber sie hörten uns nicht."

„Der Engelsgroßvater vielleicht", rief Vinni.

„Auch mit dem haben wir gesprochen. Er kann nicht helfen. Die Männer glauben nicht an uns, weder an Engel noch an Feen, alles Quatsch, sagen sie. Der Engelsgroßvater hat zu uns gesagt, nur der Feuerdrache und Vinni können helfen, sonst sind die Männer verloren."

„Hört auf, uns wird schon etwas einfallen. Ich ziehe mich an und sage Ma und Pa Bescheid. Ihr holt schon den Feuerdrachen vom Glitzerberg. Beeilt euch, wir haben keine Zeit zu verlieren."

„Ja, du hast recht." Die Feen flogen so schnell es ging zum Drachen auf den

Berg. Der erschrak nicht schlecht „Was ist den nur geschehen, warum erschreckt ihr mich denn so?"

Sie erzählten ihm alles und dann ging es sehr schnell. „Bist du bereit für das nächste Abenteuer, mein Freund?"

„Schwatz nicht so lange, wir müssen los."

Die Feen flogen voraus, denn sie kannten den Weg. Es kam allen wie eine Ewigkeit vor und es war ja auch Nacht. Der Drache legte seine Flügel um Vinni, dass dieser nicht fror. Erst am frühen Morgen erreichten sie ihr Ziel. Erschöpft und mit der Angst, dass sie zu spät sein könnten, sahen sie das Schiff. Immer noch drehte sich das Schiff in der Mitte des Meeres, wie von einer unheimlichen Macht angezogen.

„Vinni, wirf das Seil auf das Deck und ruf den Männern zu, wir kommen, um zu helfen."

Er tat, wie der Drache zu ihm sagte, aber die Seeleute hörten Vinni nicht. „Schrei aus vollem Leibe, einer muss uns doch bemerken."

Nach mehreren Versuchen hörte ein Mann seine Stimme. Er schaute nach oben und schrie wie am Spieß. „Ein Drache, einDrache, wir sind alle verloren."

Sie schauten nach oben und die Panik brachaus.

„Habt keine Angst, wir wollen euch nicht fressen nur helfen."

„Ich drehe am Rad, jetzt kann der Drache auch noch sprechen. Mich haut so schnell nichts vom Stuhl, aber das ist zu viel." Und der Mann fiel in Ohnmacht.

Alle schauten nach oben. „Du heiliger Klabautermann, was ist das, ich glaube, wir sind schon alle verrückt."

„Halt das Seil fest", rief Vinni nach unten.

„Wir versuchen, euch hier heraus zu ziehen."

„Wie soll das gehen? Und wer bist du eigentlich?", riefen die Männer.

„Alles später, macht nur das, was ich euch sage."

Sie rissen die Augen und Münder auf, standen erst einmal wie Säulen da.

„Glaubt ihr an Engel und Feen?", schrie Vinni.

„In dieser Umgebung und in der Lage, in der wir sind, glauben wir an alles."

„Wenn es nicht so schlimm wäre, würde ich lachen", sagte der Drache.

„Bloß nicht, hör auf damit, die haben schon genug Angst."

Einer von den Männern auf dem Deck packte das Seil und die anderen taten ihm gleich. Der Feuerdrache zog mit seiner ganzenKraft, aber er schaffte es nicht.

„Meine Fresse, es ist wie ein Sog. Das Schiff rührt sich nicht einen Zentimeter von der Stelle, als hält ein Magnet es fest. Ruft den Himmel an, ihr Feen, wir brauchen Hilfe."

Sie riefen in den Himmel: Engelsgroßvater, schick uns Hilfe, wir schaffen es nicht allein."

Der Himmel öffnete sich, derWind war der erste, der sprach: „Was soll ich tun?"

„Du musst mit aller Kraftvon der anderen Seite wehen, wenn ich es dir sage."

„Und was sollen wir tun?", sprachen die Engel.

„Ihr müsst mit ziehen."

„Okay", sagten alle.

Da fiel Vinni wieder der Spruch ein, nur gemeinsam sind wir stark. „Haltet euch an dem Seil fest, so gut ihr nur könnt. Habt keine Angst, es wird alles gut." Er sagte zu den Feen: „Ihr müsst ein wenig zaubern, damit die Männer noch mehr Kraft bekommen, sich gut an dem Seil festzuhalten und keiner ins Meer stürzt."

„Ja, das werden wir tun", sprachen die Feen. So ging es auf Kommando los.

Der Drache rief: „Wind, fang an zu wehen, Männer, festhalten." Er holte tief Luft und zog mit den Engeln, so fest er konnte. Nach großen Schweißperlen, die der Drache verlor, zog er das Schiff an die andere Seite. Alle waren verwirrt, aber es hatte geklappt. Das Schiff war aus dem Strudel heraus und lag ruhig auf dem Wasser.

„Wie hast du das geschafft?", rief Vinni zum Feuerdrachen.

Der Drache war vollkommen am Ende. Mit letzter Kraft flog er an das Ufer. „Ich weiß es nicht."

Den Seeleuten stand der Schock noch ins Gesicht geschrieben.

Vinni rief den Männern auf dem Schiff zu: „Ist alles in Ordnung, sind alle noch da?"

„Ja, alles an Bord, alles roger."

Nach einer Verschnaufpause schauten alle aufs Meer.

„Es gibt keine Ruhe", sprach der Drache.

„Ja, du hast recht", sagte Vinni.

„Das Wasser ist kochend heiß", stellte der Drache fest. „Was ist nur auf dem Meeresgrund im Gange? Ich muss da hin."

„Bitte nicht!", schrien alle. „Wir wollen dich nicht verlieren."

„Das werdet ihr nicht, der Engelsgroßvater passt schon auf."

„Du wirst verbrennen", riefen sie.

Der Drache schmunzelte nur.

„Du bist der letzte Feuerdrache und mein bester

Freund, hast du das vergessen?”, schrie Vinni und weinte.

„Ich bin ein Drache und kann gut mit Feuer umgehen, macht euch keine Sorgen.”

Ehe noch jemand nachdenken konnte, war er in das Meer getaucht. Alle konnten es nicht fassen. Sie saßenam Ufer und warteten eine halbe Ewigkeit, ehe der Drache wieder auftauchte.

„Bist du vollkommen verrückt geworden, mir so viel Angst zu machen. Ich konnte meine Tränen nicht halten aus Sorge um dich.” Vinni fiel dem Drachen glücklich und erleichtert in die Arme und alle atmeten tief durch.

„Ein Beben im Meer”, erklärte der Drache, „war Schuld, dass das passiert ist.”

„Davon haben wir schon einmal etwas gehört,” sagten die Seemänner. „Hat es viel Schaden angerichtet?”

„Eine Fischkolonie ist zusammengefallen. Ihr müsst euch das so vorstellen wie ein Beben auf der Erde und ihr mit eurem Schiff wart mittendrin. Ohne Hilfe wärt ihr verlorengewesen.”

„Konnten die Fische sich retten?”, fragten ihn die Männer.

„Nichtalle. Ich habe einen jungen Wal zu seiner Muter gebracht. Sie hatte den Kleinen verloren, als das Beben begann.”

„Deshalb hat das Meerwasser gekocht?”, fragte

Vinni.

„Ja, mein Freund. Die ganze Umwelt ist durcheinander."

„Die Ma sagt immer, die Natur wird sich rächen, wenn die Menschen ihr etwas Böses antun."

„Deine Ma hat recht, das haben wir ja hier selbst erlebt. Also müssen wir darauf achten, die Natur und die Meere zu schützen."

Sie fassten sich an den Händen und versprachen, gemeinsam darauf zu achten.

Die Männer bedankten sich noch einmal bei allen, die sie gerettet hatten.

„Jetzt können wir doch Silvester zu Hause sein, wo unsere Familien schon auf uns warten. Die Fahrt durch dieses Gewässer werden wir noch unseren Urenkeln erzählen, aber eins wissen wir jetzt, glaub an Engel und dir wird geholfen."

Der Himmel ging auf, man hörte den Engelsgroßvater ein wenig lachen. Auch das Meer hatte sich wieder beruhigt und lag ganz friedlich vor ihnen, als wäre nichts geschehen.

„So, Männer, wir müssen los", sagte Vinni. „Es ist ein weiter Weg, bis wir wieder in unserem Dörfchen sind. Ma und Pa warten schon auf uns."

So traten sie den Heimflug gemeinsam mit den Feen an.

Vinni rief schon von weitem: „Ma, Pa, es war schrecklich! Ich glaubte den Drachen schon verloren. Die Angst um ihn war so schlimm, dass meine Hose fast voll war. Alles ist wieder gut. Ich habe dich Gott sei Dank noch und werde, mein liebster Drache, dich nie im Stich lassen."

So lagen sich die beiden lange in den Armen.

„Gut so, wenn man Freunde hat", sagten Ma und Pa.

Silvester kam und man dachte an das vergangene Jahr zurück. Heiter, traurig, man hatte gelacht, geweint, Freunde gefunden und verloren, viele Abenteuer überstanden und würde hoffentlich noch viele erleben.

Es schlug Mitternacht. Vinni schaute zum Himmel und rief ganz laut: „Schön, dass es euch alle gibt."

Der Drache hatte schon lange seine kleine Hand genommen und sprach: „So, wie wir hier stehen, Ma, Pa, du und ich, will ich euch sagen, ich habe euch alle auch sehr lieb, wie im Himmel so auf Erden."

Ein paar Tränen liefen allen über das Gesicht, aber es war gut so, wie es eben war.

„Wir werden sehen, was das Neue Jahr für jeden von uns bringt. Wenn wir nicht weiter wissen, sind ja die Engel da. Man muss nur fest daran glauben."

Bis bald! Wir lesen uns wieder, wenn es heißt, Vinni und seine Abenteuer mit dem Feuerdrachen.

Ich danke allen namentlich, die mir geholfen haben, dieses Buch zu schreiben und hoffe, ihr findet Freude daran.

Meinem lieben Mann, der mich sehr unterstützt hat, meinem Sohn Swen, der die Illustrationen für dieses Buch entworfen hat, meiner Tochter Kathleen, die mich mit ermutigt hat, dieses Buch zu schreiben, aber ganz besonders danke ich meinen Engeln, die mir den Stoff lieferten.

An alle, von Herzen, lieben Dank.

Manuela Humme